como
libertar
o presente

Dados Internacionais de Catalogação na Publicação (CIP)
(Câmara Brasileira do Livro, SP, Brasil)

Carvalhal, André
  Como libertar o presente : cocriação de novas narrativas / André Carvalhal. – Petrópolis, RJ : Vozes, 2022.

  ISBN 978-65-5713-637-9

  1. Autoconhecimento 2. Comportamento humano
  3. Cotidiano 4. Saúde mental 5. Sociedade 6. Trabalho
  I. Título.

22-118206   CDD-303

Índices para catálogo sistemático:
1. Liberdade : Cotidiano : Sociologia 303

Cibele Maria Dias – Bibliotecária – CRB-8/942

andré
carvalhal

como libertar o presente

cocriação de novas narrativas

© 2022, Editora Vozes Ltda.
Rua Frei Luís, 100
25689-900 Petrópolis, RJ
www.vozes.com.br
Brasil

Todos os direitos reservados. Nenhuma parte desta obra poderá ser reproduzida ou transmitida por qualquer forma e/ou quaisquer meios (eletrônico ou mecânico, incluindo fotocópia e gravação) ou arquivada em qualquer sistema ou banco de dados sem permissão escrita da editora.

CONSELHO EDITORIAL

Diretor
Gilberto Gonçalves Garcia

Editores
Aline dos Santos Carneiro
Edrian Josué Pasini
Marilac Loraine Oleniki
Welder Lancieri Marchini

Conselheiros
Francisco Morás
Ludovico Garmus
Teobaldo Heidemann
Volney J. Berkenbrock

Secretário executivo
Leonardo A.R.T. dos Santos

Editoração: Débora Wink
Diagramação: Sheilandre Desenv. Gráfico
Revisão gráfica: Lorena Delduca Herédias
Capa: André Carvalhal e Luana Adriano
Arte-finalização de capa: Editora Vozes

ISBN 978-65-5713-637-9

Este livro foi composto e impresso pela Editora Vozes Ltda.

SUMÁRIO

Seja livre 11

Crie o seu papel 31
Deixe sua marca 55
Faça o que você ama 75
Good vibes only 99
Liberte seu corpo 119
Primeiro vive, depois posta 143
Quebre as regras 163
Respira e não pira 187
Salve o futuro 211

Agradecimentos 231

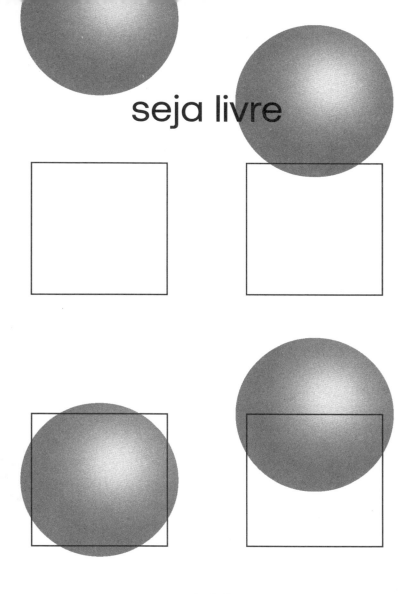

SEJA LIVRE

"Você se acha livre?" – perguntei em voz alta na minha cabeça.

Desde que lancei *Como salvar o futuro*, em 2020, tenho sido rondado por duas palavras: liberdade e presente. Não é à toa, pois o livro foi lançado bem no início da pandemia (quando comecei a escrever este exemplar que você tem nas mãos), e em seguida os processos de lockdown, o isolamento social, o fechamento de fronteiras e até mesmo os programas de vacinação colocaram em pauta a "afronta" à nossa liberdade individual.

Um tempo antes, escutava que vivíamos o melhor da história. "Nunca fomos tão livres", com tanto acesso à informação, lugares, pessoas e produtos. Então veio o aviso: FIQUE EM CASA. "Meu Deus, mas e meu trabalho? Meu lazer? A praia no fim de semana? Como vou me exercitar? Não posso deixar de encontrar as pessoas que amo!" E pela primeira vez na vida (da maior parte das pessoas que estão vivendo este momento histórico), o passado deixou de ser referência, e o futuro...

Bem, o futuro ficou ainda mais incerto. "O que temos é o presente." Mesmo assim vimos pessoas e empresas tentando prever algo do que viria após o que estava começando e ainda não tínhamos a menor ideia de "como" e "se" iria acabar – a pandemia. O novo normal. É, ficar no presente parecia desafiador. Não teve quem não pensasse ou emitisse opinião sobre o que iria acontecer. "Estamos todos no mesmo barco", muita gente dizia.

~~Então começamos~~ Então algumas pessoas começaram a perceber que não eram todas que poderiam ficar em casa. "Não, não estamos no mesmo barco. Tem gente de lancha e gente de canoa" – ouvi. Tem gente nadando no braço. Contra a corrente. Pois é... Eu acho que não estamos nem na mesma tempestade. Nunca foi tão forte e tão clara a noção de que há corpos que são mais livres que outros – mesmo com a vontade de sair ou de ficar em casa.

Meu livro anterior fala que o futuro é uma grande ilusão, que é na verdade o resultado das nossas ações. Ele vai ser bom ou não de acordo com o que fazemos hoje. Mesmo assim, a ideia de que tudo vai dar certo no futuro é sedutora e parece trazer uma espécie de fé condescendente, como se bastasse acreditar ou pensar positivo que o futuro será brilhante – ou abundante. "Deitado eternamente em berço esplêndido."

Está cada vez mais claro para mim que não há mais sentido pensar em sustentabilidade da forma como nos habituamos. "Preservar o futuro", "Olhar para o amanhã". Talvez a mania de escapar para o futuro tenha nos tirado os sentimentos de urgência e importância que nossas ações precisam ter. Muitos recursos já estão se acabando (leia sobre o Dia da Sobrecarga da Terra), e não dá mais para pensar em preservar para as futuras gerações se os impactos já estão acontecendo agora.

Temos visto cada vez mais desastres (e crimes) ambientais. É impossível negar as mudanças climáticas e o aquecimento global, a quantidade e os perigos dos plásticos nos oceanos, as pessoas refugiadas devido ao clima. Partes do mundo já estão ficando tão quentes que em pouco tempo ninguém irá sobreviver lá, enquanto há lugares com potencial de serem inundados por conta do derretimento de geleiras (leia sobre o relatório do Intergovernmental Panel on Climate Change [IPCC], Painel Intergovernamental sobre Mudanças Climáticas, divulgado em 2022).

Também cresce a cada dia o número de animais em extinção – ao mesmo tempo que pessoas continuam comendo, comprando e contrabandeando animais, contribuindo para o desequilíbrio da natureza –, o que pode resultar em novas pandemias. Ainda, bactérias estão mais resistentes a antibióticos, e agrotóxicos têm nos envenenado cada vez mais (em alimentos, roupas…).

Além da temperatura, temos visto o aumento do valor das contas de luz e água, bem como do sofrimento e da opressão. Mesmo assim, muita gente ainda nega ou não consegue conectar tudo a uma grande causa que é maior e independente da vontade de grande parte das pessoas. Você já sabe o que está por trás de tudo isso?

O unboxing de Pandora está aí, para quem quiser ver. Estamos vivendo tempos difíceis. Mas a dificuldade não é igual para todas as pessoas. Grande parte da população está empobrecendo – enquanto um grupo muito pequeno se beneficia. Enriquece. Além da questão financeira, muitas pessoas estão mergulhadas numa cultura de ansiedade. Há problemas de saúde mental, autoestima e aceitação, e até isso impacta as questões climáticas.

A vida social de muita gente agora se passa na internet, o que pode ser perigoso. A lógica de funcionamento de muitas redes sociais potencializa o narcisismo humano de forma muito negativa. Em diversas camadas (mais objetivas ou subjetivas), contribui para um certo tipo de individualismo que pode nos desconectar do todo.

Sabemos como deveríamos "ser" pelo que aprendemos com mensagens que correm soltas por ali e pelo que recebemos da propaganda e da produção cultural. Muita gente que não se vê em campanhas, produtos, padrões e dados de pesquisas se mata (ou mata) por isso. Muita gente, que também sofre os impactos dessas mensagens, contribui – direta ou indiretamente – para tais mortes.

Nós nos queixamos e sentimos que não podemos deletar nossas redes sociais, pois muitas vezes dependemos delas para o trabalho (e também para o lazer, os relacionamentos...). Marcas viraram pessoas, e pessoas viraram produtos. Há um estímulo generalizado para "funcionarmos" como empresas, sempre em busca de resultados infinitos e otimizações, reproduzindo um modelo que perdeu o sentido até para o mercado. Poucas pessoas têm noção de seus direitos e deveres.

A democracia já passou do estágio de vertigem e está sendo encaminhada para o CTI (após a publicação deste livro, talvez tenha ido para a UTI ou falecido de vez) (tomara que não). É cada vez mais fácil comprar, baixar ou imprimir uma arma, enquanto vemos livrarias e cinemas fecharem. Nossos dados têm sido usados por corporações para propósitos questionáveis, e pouco se fala em regulamentação – a não ser que seja para ficar ainda pior.

É impossível se esconder da vigilância do governo – e das big techs. Não dá mais para brincar na rua livre – sem o rastreio do GPS ou sem o risco de tomar uma bala nada perdida na cabeça. Fascistas têm redes sociais e muitas vezes sabem usar mais a seu favor do que os antifas, apesar da onda de memes. É também difícil saber o que é verdade ou mentira na internet. Há pessoas que criticam o movimento de "boiada", mas colaboram com isso, mesmo sem se darem conta.

Enquanto, por um lado, o mercado fabrica mitos de sucesso e alfaídolos, por outro pessoas refugiadas, periféricas, LGBTQIA+, negras, indígenas, mulheres (entre tantas outras) são obrigadas a financiar e manter um sistema exploratório, disponibilizando seus corpos, sangue e suor em troca de sobrevivência. Abdicam de seus sonhos e crenças e têm suas subjetividades corrompidas para trabalhar e alimentar o mercado.

Não dá mais para esperar. Precisamos olhar para o agora, para o que estamos fazendo hoje, para os impactos das nossas ações, com a urgência de quem sabe que pode não haver amanhã. É preciso compreender o peso, o valor e a importância das nossas ações individuais e coletivas. Compreender ainda que, por maior que seja o impacto causado por isso que chamamos de mercado, são pessoas que tomam decisões à frente de empresas e sistemas políticos.

Quando se fala em buscar novos modelos socioeconômicos que visam à igualdade e à justiça social e climática, geralmente a liberdade é colocada em pauta como um valor ameaçado. É como se não houvesse alternativa. Como se o pedágio pago para sermos livres fosse a exploração do planeta e de pessoas. Como se a liberdade individual fosse o ápice da nossa conquista como humanidade. Como se a liberdade não fosse uma ficção.

"Seja livre", "Seja você", "Seja feliz" podem ser discursos violentos porque, apesar de bonitinhos, vão contra aquilo a que nos acostumam desde cedo. Se repararmos nas falas, percebemos que são quase uma imposição. E se você não é Você, há algo errado – com você. Só que nem sempre é opcional: poucas coisas à nossa volta nos dão incentivo e possibilidade para sermos (livres) quem realmente somos. Não é à toa.

"As rotinas monótonas, imitativas, ritualísticas, compulsivas e obsessivas da dependência ativa nos tornam incapazes de pensar e agir de forma adequada e sensata." A citação é de um trecho do texto "Uma outra perspectiva", do Narcóticos Anônimos, porém a dependência não está relacionada às drogas.

Dependemos de um modo de vida que nos aprisiona em padrões e fórmulas que aprendemos desde cedo, no qual até o conceito de liberdade se perde. "A liberdade de hoje deve ser usufruída sob todos os seus aspectos, consumida sem trégua, pois somos, agora, uma sociedade de consumidores", diz Bauman em seu livro "Vida para consumo".

Vamos comprar. Vamos vender. A saída (ou alternativa, não sei bem como chamar) que nos ensinam para momentos de crise ou desconforto é essa. Cada vez mais. É também a válvula de escape, o amortecedor que ajuda (ou não) a extravasar ansiedades, frustrações, desejos. Por isso tenho entendido que não dá para falar em consumo consciente se não compreendermos o que vem nos tirando a consciência desde cedo.

"Decida, e sua vida mudará", "Você pode tudo", "Basta se esforçar". Querem nos fazer acreditar que o sistema atual é legal e que todas as pessoas têm chances (de serem) iguais. Que com o nosso esforço é possível crescer, ganhar notoriedade, enriquecer. É a tal meritocracia – do trabalho, do dinheiro, do poder, da beleza, do status –, para a qual o consumo é a comprovação do sucesso e da ascensão social.

Muita gente acredita que é livre sem às vezes perceber em si e em outras pessoas as diferenças sistêmicas, relacionadas aos papéis que exercemos e que não contribuem para que possamos criar, da mesma maneira, a realidade à nossa volta. Isso adoece e tem causado bastante sofrimento em muita gente, bem como ajudado a perpetuar este sistema no qual o fracasso do trabalho, do dinheiro, do poder, da beleza e do status é o fracasso do Eu.

Sempre que falo sobre isso nas redes sociais, aparecem pessoas contando histórias de sucesso individual. Pessoas que saíram "do nada" e conseguiram "chegar lá". Defendendo a meritocracia. Quem me acompanha sabe também que não nasci de pai rico, tive que trabalhar desde cedo para pagar meus estudos e bancar minha família e até hoje não dependo de ninguém além de mim.

Só que atualmente eu reconheço os privilégios que viabilizaram muitas das minhas conquistas – o fato de ser homem, branco, passável muitas vezes como heterossexual. E aqui vale explicar o que entendo como privilégio: todo tipo de vantagem ou benefício resultante das diferenças de classe, raça, gênero, localização, entre outras, que fazem com que tenhamos histórias, experiências e acessos diferentes, de acordo com o nosso papel social.

Eu sempre estava numa posição de privilégio em relação a outra pessoa (mesmo que numa posição inferior em relação a outras). O esforço para me mover nessa pirâmide me causou uma série de transtornos. Alguns foram profundamente debilitantes, resultando em doenças e interferências físicas e psicológicas.

Autoilusão, autoengano, autoisolamento, automedicação. Adicção. Além de pequenas atitudes com efeitos (negativos) enormes. Em meio a promessas de me encontrar, perdi-me muitas vezes na avaliação da realidade. Em busca de liberdade, tornei-me liberal. Tive alucinações classistas em rituais de busca de controle. Reforcei práticas e falas preconceituosas. Não tenho ideia ainda de quem seja eu.

Construí minha subjetividade com base em falsos discursos intelectuais que tiveram o mesmo efeito descolado da realidade que outras terapias. Busquei medicinas ilegais, de traficantes de receitas para curas ilusórias, que não curaram. Busquei treinamentos de autoestima, livros de autoajuda, esoterismo de butique e terapias mil. Mais vícios.

Caí no mercado da espiritualidade, do autocuidado e da cura. Pouca coisa era de verdade (apesar de reconhecer que possa haver verdade nisso). Tentei diversas experiências e parei em grupos que levaram ainda mais a minha autonomia. Pude ver por todos esses lugares o sofrimento causado pela busca e pelo esforço puramente individual. Desde então tenho procurado questionar cada vez mais como posso transformar minhas conquistas individuais em algo coletivo. Como posso criar redes.

Felizmente, desde a revolução digital, a internet nos possibilitou o acesso a novas histórias. Temos hoje a chance de perceber que há corpos mais livres (ou não) de acordo com recortes de classe, raça, gênero e localidade ou por terem alguma deficiência. Apesar do discurso "Somos todos iguais", está cada vez mais claro que não é bem assim. Mesmo entre as diferentes realidades, todas as pessoas deveriam ter os mesmos direitos – mas infelizmente não é esse o discurso dominante.

Se pararmos para analisar mais a fundo, perceberemos que até mesmo pessoas com mais privilégios – ou que respondem às normas estabelecidas pelo critério de "normalidade do espírito do tempo" – não são tão livres quanto pensam. Há sempre um poder dominante, e isso denuncia a fragilidade da tal "liberdade individual", que nos é vendida (e distorcida) através da liberdade de expressão, de escolha (de profissão, roupa…), de compra e por aí vai.

Em grande parte das vezes, a "liberdade" é pura distração. Controle. Uma vez que ser livre significaria não ter a vida pautada por decisões de uma minoria que opera em benefício – financeiro – próprio. A liberdade que vivemos é uma ficção que contribui para engessar processos verdadeiros de emancipação e subjetivação em prol da manutenção de um sistema que nos escraviza a todo momento, que nos desconecta enquanto propõe reconectar.

"Olhe para dentro." Vivemos um movimento de enfraquecimento de relações e comunidades que, como consequência, nos desconectou das outras pessoas e de demais seres não humanos. Poucas pessoas compartilham o senso de <u>espécie comum</u> com a humanidade e veem a Terra como um lar com todas as formas de vida integradas.

A sociedade da liberdade, como vou chamar aqui, diz-nos que a construção da nossa identidade depende do exercício de consumir. Tal crença desempenha um papel importante nos processos de identificação pessoal e de grupo, assim como na seleção e na execução de políticas da vida individual. Ao mesmo tempo, coordena a manutenção da norma, a reprodução sistêmica, a integração e a estratificação social. Ainda, está acabando com recursos naturais. Tudo isso com uma aparente noção de liberdade.

Não se engane. Apesar de parecer óbvio depois de dito, passamos muito tempo (e não quer dizer que ainda não estejamos) sob um forte feitiço. Há muita gente lucrando com a crise da saúde mental, das relações e até da pandemia. A ideia de liberdade como um ativo individual é lucrativa à beça – para um pequeno grupo. É interessante.

Sinto que a gente passa muito tempo em busca da aprovação das outras pessoas, querendo agradar, receber acolhimento... como se o nosso lugar no mundo fosse de eterno desamparo. De certa forma, é. Mas a gente não pensa que as outras pessoas muitas vezes estão em desamparo também. E poucas pessoas se preocupam de fato com o impacto das suas ações.

O sentimento provocado não é de união. As outras pessoas estão sempre num lugar de validação e não de consideração. Até de concorrência. Ou são um mero objeto para o gozo narcísico de acumulação de poder (fama, status, prestígio, dinheiro...). O foco sempre é o Eu. Pouca gente está disposta de fato a olhar, escutar, aceitar e acolher – se importar.

A nossa construção se dá a partir do que vemos do mundo e do que vemos das pessoas, num eterno estado de espelho. E é assim com elas também. Logo, é cada vez mais importante pensarmos na construção da nossa identidade a partir de uma responsabilidade coletiva. A pauta identitária voltada exclusivamente para o Eu tem o potencial de esvaziar questões sociais e políticas importantes, entregando nossas subjetividades de bandeja para o mercado.

O eterno olhar para dentro pode provocar um individualismo em rede, ao centralizar a reflexão na busca da "evolução" e no monitoramento do comportamento individual. É comum vermos discursos de autoconhecimento que focam a identificação de diferenças, deixando de lado as semelhanças (com o todo). Isso pode contribuir para a desconexão com o que está fora de nós, fazendo com que a maioria das pessoas não busque mudanças estruturais na sociedade.

No lugar disso, muitas pessoas procuram somente caminhos de correção ou aperfeiçoamento. Sem fim. Como consequências, vêm a obediência às ordens e a conformidade às regras do que é considerado normal. Vem também o consumo desenfreado para "se encontrar". É bom para o sistema nos fazer pensar que somos exclusivamente responsáveis pela nossa vida. Apesar de todo esse discurso, passamos a maior parte do tempo nos esforçando para sermos quem a gente não é. Não é?!

Mas calma, não estou escrevendo para fazer você perder a fé. Este livro não é para isso. Muito pelo contrário. Não é para fazer você deixar de acreditar, de confiar. Eu acredito no sutil. Acredito no imaterial. Acima de tudo, acredito em realidades cocriadas por meio de ações, que pretendem verdadeiramente libertar as pessoas, os animais e o planeta. Essa é a urgência dos nossos tempos. Já aprendi que, enquanto qualquer ser for oprimido, haverá opressão contra todos os seres.

Minha intenção aqui é estimular um olhar um pouco mais crítico sobre o que vemos, fazemos e falamos diariamente. Muitas ideias acabam, mesmo que de forma inconsciente, oprimindo e causando mais separação. Da gente com a gente, com as outras pessoas e demais seres não humanos. Não dá mais para vivermos sem considerar o que está além do nosso umbigo. Não há mais tempo para quem tem privilégios seguir apenas em buscas individuais.

É preciso compreender que nossos privilégios têm que ser usados para o bem coletivo. Compreender que às vezes não só não usamos nossos privilégios para o bem comum, como também oprimimos. Precisamos nos responsabilizar por nossas ações e compreender por que agimos da forma que agimos. Se não formos capazes de mudar, não há futuro.

O momento atual nos dá a possibilidade de escolher pela vida e assegurar a existência de um mundo em que possamos satisfazer as nossas necessidades e a nossa verdadeira liberdade sem destruir o planeta ou oprimir pessoas e animais. Para além disso, podemos escolher trabalhar para contar novas histórias. Ajudar na regeneração de sistemas, criando mais vida, abundância, relações e comunidades saudáveis – ao mesmo tempo que trabalhamos a nossa autorrealização (sem sermos individualistas).

Para isso acontecer, precisamos entender de uma vez por todas que a liberdade real só será conquistada quando questionarmos as estruturas de poder das quais fazemos parte; quando aceitarmos que a liberdade precisa ser coletiva e que não há mais tempo para termos apenas revoluções individuais. Entendendo o quão pouco somos livres – em diversas camadas –, podemos começar a desejar e reivindicar políticas e atitudes que estimulem a emancipação coletiva.

Do meu lado, tenho questionado se o que faço ajuda a manter ou libertar a norma que dita como devemos ser. Se contribui para manter ou desmontar estruturas dominantes. Se colabora com antigas ou com novas formas coletivas de existir – e resistir. Se versa distopias ou utopias. Se reforça papéis limitantes ou cria novas narrativas. Se questiona ou satisfaz os códigos que determinam a normalidade de um corpo ou uma prática. Se inventa falsas realidades ou cria novas ficções.

Este livro é parte desse movimento. Reúne uma série de ensaios que escrevi ao longo da pandemia e que inspiraram textos com os quais colaborei para as revistas Carta Capital, Vida Simples, Vogue, Ela (O Globo) e MIT Technology Review, na intenção de buscar as conexões que envolvem o que está comprometendo o nosso ~~futuro~~ presente. Vale reforçar que apresento também algumas experiências pessoais aqui, não por me colocar como exemplo ou alguém superior, e sim por estar movido pela crença de que histórias individuais podem estimular a conexão coletiva.

Nos ensaios que permeiam o livro, a intenção é pensar nos termos ficcionais formadores da noção que temos de liberdade. Quero estimular o questionamento e a desconstrução de narrativas opressoras. Cocriar novas, que sejam boas. Por isso recorro a pensamentos e linguagens antirracistas, feministas, queers e anticoloniais. Depois de ler novos autores e autoras que ficaram durante muito tempo sem representatividade, entendi por que nossos papéis são limitados.

Vou falar sobre sociedade, trabalho, propósito, positividade tóxica, redução de danos, autoconhecimento, tendências, modismos, padrão, norma, saúde mental e mais alguns temas que tenho estudado ultimamente e que completam a minha visão de sustentabilidade. Desejo que você também perceba as conexões. Os capítulos estão organizados em ordem alfabética. Sinta-se livre para ler fora da ordem, seguindo os títulos que mais chamarem você.

Como na obra anterior, me esforcei para escrever o menor livro possível, para que você possa investir mais tempo refletindo, aprofundando-se e transformando o seu aprendizado individual em movimento coletivo. Este livro é apenas o começo. Aproveite as dicas apresentadas no final de cada capítulo para aprimorar o seu conhecimento sobre os temas. Fique à vontade para (discordar e) me procurar nas redes sociais para comentar e trazer outros pontos de vista. Boa leitura.

APROFUNDAMENTO

Grande parte da minha pesquisa de trabalho tem sido direcionada para a produção cultural de massa, com o entendimento de que as histórias que nos afetam são grandes responsáveis por construir imaginários individuais e coletivos.

Não existe "puro entretenimento". Tudo tem a chance de construir, reforçar, influenciar e desconstruir a nossa visão de mundo, os nossos gostos, os nossos hábitos e os nossos papéis. O problema é que até hoje nos cercaram apenas por "histórias únicas", como disse Chimamanda Adichie. Histórias limitadas que representavam um ponto de vista dominante.

Para a escritora, é impossível falar de histórias únicas sem falar sobre poder. *Nkali* é uma palavra em ibgo que significa "ser maior que o outro". "Assim como no mundo econômico e político, as histórias também são definidas pelo princípio de *nkali*: como elas são contadas, quem as conta, quando são contadas e quantas são contadas depende muito de poder." O poder aqui está relacionado às habilidades não apenas de contar a história de outra pessoa como também de fazer com que ela seja a sua história definitiva. "Muitas foram usadas para espoliar, caluniar, mas também podem ser usadas para empoderar, humanizar", diz Chimamanda.

No final de cada capítulo, vou apresentar uma lista de livros, filmes, séries, podcasts e outros materiais que podem nos ajudar a entender o mundo. Algumas recomendações falam sobre novos caminhos – e narrativas –, e outras têm a intenção de mostrar como chegamos até aqui.

Como eu disse em *Como salvar o futuro*, é muito válido transformar o aprendizado individual em algo coletivo. Por isso recomendo a formação de clubes de leitura e de filmes para trocar materiais e impressões sobre o que estão aprendendo. Experimente.

CRIE O SEU PAPEL

"Todo mundo já tinha escolhido a pessoa que queria ser, e todos tinham erguido monólitos sólidos e convincentes. Os amigos eram fanáticos por um time, algum esporte, obcecados por algum desenho animado. Todos eram alguma coisa." Abri o jornal pela manhã e me deparei com esse trecho da coluna do Gregório Duvivier na Folha.

Voltei para ler desde o início. Greg conta sobre sua adolescência: "Eu gostava do fluminense por causa das cores, mas não conseguia gostar o bastante para torcer, berrar, sofrer de tal modo que isso virasse eu mesmo e as pessoas dissessem: 'ele é tricolor'! Também gostava dos Beatles, mas não tanto quanto meu amigo Bruno, que já ocupava o posto de beatlemaníaco".

Você já deve ter sentido. Há uma hora em que a gente começa a escolher quem a gente quer ser, com quem queremos nos parecer, com quem queremos nos relacionar, de quem queremos nos diferenciar. É quando começamos a entender mais da gente e das coisas – e isso se dá pela convivência com outras pessoas e pelo que experimentamos do mundo.

Então começamos a construir a nossa identidade a partir de uma espécie de curadoria do Eu. Escolhemos o que mostrar, como mostrar, o que esconder, como esconder, com quem andar, como se vestir, o que fazer, como fazer... Tudo isso vai criando a nossa presença no mundo. Embora isso pareça algo óbvio, esse processo nem sempre é fácil – ou mesmo tão claro ou racional.

"Até que na adolescência, desisti de fabricar uma personalidade e tentei encontrar alguma que já estivesse pronta. Os *sitcoms* ofereciam um cardápio de almas pré-fabricadas perfeito. Escolhi a minha como quem escolhe um prato. Acho que sou uma mistura do Ross, do Friends, com o George, do Seinfeld", escreve Greg.

Podemos ver a nossa identidade como os papéis que representamos. Identidade é a forma como as pessoas nos reconhecem, é a nossa marca. Tem a ver com imagem, personalidade, postura... É o que define e apresenta quem nós somos. "Define" o nosso Eu diante das outras pessoas. E até mesmo a nossa trajetória. Não só para as outras pessoas como para nós também. Seria uma espécie de mapa (nem sempre astral e muito complexo) que guia nossos papéis.

Quando digo "papéis", estou concordando com Erving Goffman, autor de *A representação do Eu na vida cotidiana*, que propõe uma teoria identitária em torno da encenação. Para ele, qualquer interação entre pessoas é uma performance. Há palcos, há públicos, e há sempre a representação de um papel a partir de personagens que existem na esfera da imaginação coletiva. Para algumas pessoas, isso é claro, ou nem tanto. Para algumas outras, é algo intuitivo. Para muitas, é algo imposto.

No jornal, Greg diz: "Até que um dia você começa a enxergar os bastidores do mundo. A maquiagem da sua mãe começa a escorrer e você percebe que 'mãe' era só um dos papéis que ela interpretava, além de irmã, filha, neta, chefe, empregada, namorada, ex-mulher. Você abre a porta do camarim e vê seu pai tentando atochar uma calça de super-homem que já não cabe mais".

Na hora lembrei de "O mundo é um palco", frase que inicia um monólogo em *Como gostais*, de William Shakespeare, falada pelo melancólico Jaques, no ato II, cena VII. Em seguida, o personagem diz: "Os homens e as mulheres, meros artistas, que entram nele e saem. Muitos papéis, cada um tem o seu tempo".

Sim, nossos papéis são muitas vezes cíclicos. Quase sempre simultâneos. Nós lançamos mão deles sempre que precisamos e nos despedimos (às vezes) quando mudamos. Quando consideramos mais apropriado. Às vezes quando precisamos nos adequar – quase sempre quando precisamos nos adequar. Nem sempre de forma consciente. Ou real. A coluna do Greg termina assim:

"Olhe ao seu redor. É por isso que as pessoas fazem mapas, se tatuam, penduram bandeiras na janela, para lembrar do personagem que escolheram ser. Por isso também se apaixonam e se casam, porque encontram no olhar de outra pessoa um personagem que parece fazer sentido. Por isso também se separam, porque cansam de fingir que são aquela pessoa que o outro inventou."

pes·so·a (sf) c. 1200: "um indivíduo, um ser humano, qualquer um" e diretamente do latim *persona*, "ser humano, pessoa, personagem; uma parte de um drama", originalmente "uma máscara de teatro, uma cara falsa" – como as de madeira ou argila, cobrindo toda a cabeça, usadas por atores no teatro romano para dar a aparência que o papel exigia (*Etymology Dictionary*). Para Robert Ezra Park, autor de *Race and culture*:

"Não é provável que seja um mero acidente histórico que a palavra pessoa em sua acepção primeira queira dizer máscara. Mais, o reconhecimento do fato de que todo homem está sempre em todo lugar mais ou menos conscientemente, representando um papel. É nesses papéis que reconhecemos uns aos outros; é nesses papéis que reconhecemos a nós mesmos."

Antes de Shakespeare, o antigo poeta romano Juvenal escreveu em Sátira 3: "Toda a Grécia é um palco, e todos os gregos são atores". A ideia povoa também o imaginário de grandes autores, que concordam que somos personagens, atuando em nossas vidas. Há quem diga, inclusive, que são poucos os papéis disponíveis e que todas as ficções dão conta de (re)edições e combinações.

Erving Goffman, que se dedicou a um profundo estudo sobre o comportamento humano para escrever *A representação do Eu na vida cotidiana*, serve-se da representação teatral como (inspiração) estrutura para seu livro. Mas, apesar da referência ao teatro, suas ideias são diferentes das de Shakespeare e Juvenal. Para Goffman, nem sempre somos meros atores em um grande palco:

"No palco um ator se apresenta sob a máscara de um personagem para personagens projetados por outros atores. A plateia constitui um terceiro elemento da correlação, elemento que é essencial, e que, entretanto, se a representação fosse real, não estaria lá. Na vida real os três elementos ficam reduzidos a dois: o papel que um indivíduo desempenha, de acordo com os papéis desempenhados pelos outros presentes, que também constituem a plateia."

Em cena, não estamos sempre atuando, porém estamos sempre representando. "Quando está na presença de outras pessoas, um indivíduo comporta-se de maneira promissora", às vezes completamente calculada, expressando-se de determinada forma somente para causar o tipo de impressão que irá provavelmente trazer uma resposta específica que lhe interessa. Outras vezes, não agirá calculadamente, mas sim de acordo com um papel que reconhece.

Quando uma pessoa está consciente, quando existe uma intenção clara de criar uma impressão, podemos dizer que ela "está atuando" (ou mentindo, enganando...). Nas outras vezes, as tradições de um papel pessoal poderão levá-la a agir de forma deliberada (nem consciente nem inconsciente) com a intenção de criar uma impressão. Nesse caso, pode-se estar sinceramente com a certeza de que a realidade que encena é a verdadeira realidade.

Na nossa sociedade, o personagem que alguém representa e a própria pessoa são, de certa forma, equiparados, e essa pessoa-personagem é geralmente considerada responsabilidade de quem a interpreta/vive. É comum acreditarmos que ao longo da vida somos nós que escolhemos os papéis apresentados pelas nossas identidades. Mas vem cá, será mesmo? Será que temos essa liberdade toda para definirmos quem somos?

Spinoza primeiro e Nietzsche depois disseram que nós estamos escrevendo nossos roteiros. Eles nos encorajam a pensar que somos nós que fazemos as escolhas da nossa vida. (Com base nesse argumento, o mercado nos estimula a comprar "coisas" que nos representam, a fazer "coisas" de que gostamos e, mais recentemente – com a internet –, a compartilhar tudo.) Para eles o fracasso acontece quando nos negamos a reconhecer a autoria de nossas vidas e assumir a responsabilidade por encenações desastrosas. "Hmm, não estou muito confortável com esse ponto de vista", pensei.

Já Goffman acredita que, para analisar (o Eu) um personagem, precisamos nos afastar da pessoa que o representa e compreender que as forças que agem na sua representação são um produto de diversos arranjos. Um personagem encenado parte de uma espécie de idealização (do Eu) com forças internas e externas. Para ele, "creditar plena autoria ao indivíduo é uma concepção limitada e pode obscurecer diferenças importantes na função da representação para interação com o todo". Continuei investigando o tema.

A escritora, psicanalista e curadora Suely Rolnik, em *Esferas da insurreição*, sugere que nossas subjetividades são modos de existência, articulados segundo códigos socioculturais, que configuram "distintos personagens, seus lugares e sua distribuição no campo social". Para ela, não começam e nem terminam no indivíduo, já que as origens de tais subjetividades são os efeitos das forças do mundo que habitam cada um dos corpos que o compõem, e seu produto são formas de expressão dessas forças. Assim, ela considera questões sistêmicas na construção do Eu.

O filósofo Charles Taylor, autor de *As fontes do Self*, considera também importante o papel "do outro" na construção dos nossos personagens: "Os humanos não conseguem perceber a si mesmos fora do contexto fornecido por um coletivo social. Nosso próprio senso de identidade é em parte fabricado por meio de um processo que envolve o grupo. Isolar um indivíduo inteiramente de qualquer forma de coletivo humano seria negar toda a história da construção do próprio mundo". Sim.

Ok, para mim já estava ficando mais claro. O Eu não tem a ver só com o nosso mundo interno, com as nossas vontades. Não é tão livre ou mesmo espontâneo como nos fazem acreditar. Tem muito do que acontece lá fora. Tem muito das outras pessoas. Tem muito das estruturas das quais fazemos parte. Tem muito dos valores culturais de uma sociedade. Tudo vai contribuir para determinar em detalhe o modo como as pessoas se sentirão a respeito de muitos assuntos – seus gostos, preferências, atitudes – e estabelecerão seus quadros de referência para "escolherem" seus papéis.

O humanismo liberal iluminista nos vendeu uma concepção de humanos como indivíduos soberanos. "Cada um é o herói de sua própria história, livre para fazer de sua vida o que quiser." Há algo de interessante nessa ideia. Acho até que poderia ser legal se fosse assim. Mas, se a gente pensar bem, podemos concluir que é uma ficção. É uma ficção porque vivemos uma liberdade fantasiosa.

Somos criaturas inerentemente sociais (e isso é bom, o contrário seria viver só), e o convívio social nos traz responsabilidades coletivas. Além disso, fazemos parte de estruturas que restringem nossa liberdade de ação e limitam o leque de papéis pessoais à nossa disposição. Logo, não estamos tão livres assim para fazer e viver o que e como quisermos (ou você se considera realmente livre para escolher seu papel?).

Depois de tanta pesquisa, estou acreditando na hipótese de que a "pessoa" está totalmente ligada ao seu "personagem". Esse personagem é formado pela combinação entre a sua identidade (curadoria do Eu) e o seu papel social – sem ter muito claro onde começa e onde termina um ou outro. Como identidade podemos entender aquilo que construímos para exposição (a nossa personalidade, a nossa imagem...), que nasce na interseção dos nossos mundos internos e externos.

Já o papel social é definido pelo conjunto de normas, direitos e deveres que condicionam o comportamento das pessoas junto a um grupo ou dentro de uma comunidade (país, bairro, empresa, família...). Os papéis sociais surgem dessa interação, sendo sempre resultado do processo de socialização. Por sermos seres sociais, é extremamente desafiador separar o que entendemos como papel individual e como papel social. Somos, afinal, parte de um todo.

Enquanto o nosso papel individual é aquilo que gostaríamos que nos representasse, não podemos desconsiderar que existe algo maior e anterior – o papel social, que direciona, limita, induz e sugere opções de "escolha". Estou cada vez mais certo de que vivemos uma liberdade fictícia, enganosa, pois a cada pessoa foi designado um certo papel antes mesmo de nascer. Esse papel tem a ver prioritariamente com gênero (e desdobramentos), raça e classe social.

Por exemplo, uma ultrassonografia ou um chá de revelação podem ter o poder de traçar para sempre a vida de uma pessoa. É criada toda uma expectativa social de acordo com a descoberta da genitália, a qual relaciona a criança a um pacote de normas e significados, que vão desde o pressuposto da orientação (hetero)sexual até as cores que se deve usar. Dependendo de onde nasce, essa criança pode de fato ser prometida a outra (da mesma classe, claro) e ter sua vida arranjada desde nova.

Muitas das forças que nos compõem são determinadas pela cultura, pelos hábitos e pelas crenças locais, que interferem em determinados papéis sociais de acordo com o lugar onde nascemos e vivemos. Por exemplo, eu sou um criminoso em cerca de 70 países. Sim, é verdade. Não por ter matado ou roubado. Simplesmente por ser homossexual. No Brasil, onde me encontro, estou livre dessa sentença (ufa!), mas isso não quer dizer que não existam outros julgamentos e códigos contra alguém com esse papel.

As forças sociais (direta ou indiretamente) nos moldam e limitam as nossas escolhas e opções. Outro exemplo (na carona do texto do Greg): sempre disse que sou flamenguista, no entanto nunca cheguei a ponto de me ver como tal. Eu nunca gostei de futebol, mas, por ser homem, morando no Rio, na Zona Norte, ter um time era o esperado de mim. Já por ser gay, para me "enquadrar" sofro outras demandas, como representar uma certa masculinidade, endossada pela voz grossa e pelo corpo forte.

E fica pior: além das questões vinculadas à localização (geográfica ou social), parece existir um padrão global determinante, ainda maior e mais abrangente, relacionado a uma cultura heteropatriarcal colonial. Esse padrão estabelece, não somente antes de nascer como também após o nascimento, como cada corpo deve agir, ser e comportar-se e dita (além das cores) qual é o valor de cada corpo – sempre considerando (no mínimo) seu gênero, sua raça e sua classe.

Quando falamos de raça, percebemos cada vez mais questões estruturais, que contribuem com o detalhamento dos papéis disponíveis. Está cada vez mais evidente, por exemplo, as relações entre escravidão e racismo, bem como as amarras, os preconceitos e as limitações presentes na sociedade em decorrência de tal violência. Como diz Djamila Ribeiro em *Pequeno manual antirracista*, "o racismo é um sistema de opressão que nega direitos e não um simples ato de vontade. É uma questão de separação que existe há séculos, e é exatamente a falta desta reflexão que constitui a base para a perpetuação do sistema de discriminação. Por ser naturalizado, se torna comum".

Quando falamos de classe, devemos pensar em uma sociedade organizada em torno do poder aquisitivo, do acesso à renda, da posição social, do nível de escolaridade, dos padrões de vida, entre outros; pensar em quem detém o capital ou a força de trabalho. O mito meritocrático do "tudo pode ser, só basta acreditar" tem ficado cada vez mais difícil de sustentar. É tempo de reconhecer as pessoas que lutam pelo fim da escravidão assalariada e da servidão involuntária e denunciam que a qualidade e o tempo de vida efetivamente vivido é diferente se você é pobre, "de cor", mulher ou não normativo – e isso piora quando se acumulam mais de um desses papéis.

Quando falamos de gênero, precisamos pensar no conjunto de comportamentos associados aos papéis de homem e mulher, de masculinidade e feminilidade em que nos habituam a acreditar em um grupo ou sistema social. Todas as sociedades conhecidas possuem um sistema sexo/gênero, o qual limita, poda e adoece diversos corpos e almas. Ainda que os componentes e o funcionamento variem bastante de sociedade para sociedade, há sempre hierarquias e padrões pré-moldados.

Nossos personagens seriam determinados, então, de acordo com as "opções culturais disponíveis" aos nossos papéis sociais. Essas opções são estabelecidas pelas estruturas de poder que nos cercam (religião, criação, produção cultural e de mercado...), reforçam imaginários sociais e estimulam atitudes individuais. Por essas e outras Goffman diz que, estejam conscientes ou não da atuação, personagens representados não são "uma coisa orgânica cujo destino fundamental é nascer, crescer e morrer". Há sempre um efeito dramático. Faz sentido para você?

Em 2016, Daisy Ridley, atriz de *Star Wars*, interrompeu seu relacionamento com as redes sociais para sempre. Após ter entrado em brigas sobre padrões de beleza e seu posicionamento contra armas de fogo, ela saiu do Instagram e removeu qualquer esperança de retornar a outra rede. "É estranho demais isso de jovens olhando para imagens distorcidas das coisas que deveriam ser."

Suas declarações me marcaram bastante na época, fazendo-me refletir sobre esse catálogo de identidades (papéis) construído coletivamente, de maneira quase inofensiva. A internet potencializou – e bagunçou – bastante todo o sistema de representação: o que antes era restrito a poucas pessoas de um ciclo de relacionamento, hoje é exposto em rede pública – literalmente.

Ainda fica pior, pois muitas das imagens geradas e projetadas nas redes sociais são manipuladas e editadas ou reproduzem apenas uma parte da vida. Quando digo "imagens", estou me referindo não somente a fotos (sim, elas talvez sejam a forma mais fácil de manipular um momento, um evento) mas também ao que as pessoas percebem umas das outras a partir do papel que representam.

Nessa dinâmica, a "outra pessoa" é ao mesmo tempo coadjuvante e/ou protagonista, plateia e direção. Talvez isso seja o que mais diferencie as ficções que vivemos das ficções – declaradas – a que assistimos. Diferente delas, "na vida real", a outra pessoa é não só quem nos assiste mas também quem nos dirige.

Pessoas são como espelhos, que muitas vezes nos inspiram, nos fazem agir de determinada forma (igual ou diferente). São elas que buscamos agradar, são delas as expectativas a que tentamos corresponder, são delas as validações que procuramos, de forma que as pessoas têm o potencial de alimentar nossos referenciais. Limitar ou libertar. E precisamos lembrar que nós sempre somos também "a outra pessoa" de alguém. O nosso "Eu público", o personagem que interpretamos, também impacta os diversos núcleos em que circulamos.

Mesmo vendo cada vez mais críticas às representações nas redes, não sei o quão difundida realmente está a ideia do impacto delas na construção de identidades. Muito pelo contrário: há cada vez mais ferramentas e recompensas para turbinar a representação, criando imagens estereotipadas, contraditórias e até falsas, que antes eram produzidas exclusivamente pela produção cultural e pela propaganda. Hoje tais representações são feitas e disseminadas pelas próprias pessoas.

Editar, cortar, tratar, apagar, afinar, ampliar: esses são termos que durante muito tempo pertenceram a contextos profissionais, mas que hoje podem fazer parte do vocabulário de qualquer pessoa nas redes sociais. Referem-se ao tratamento de fotos para afinar o nariz, alterar cores, melhorar a pele, apagar espinhas e até mesmo afinar e alongar corpos. Muitas vezes, como resultado dessa edição, geramos ilusões coletivas de natureza destrutiva. "Ficou ótimo", "Tá lindo", "Perfeita!".

Estou focando na parte estética pois acredito que seja a de mais fácil compreensão, mas fazemos isso com tudo. Apesar da sensação de liberdade, com frequência nos movemos em direção ao que reconhecemos como ideal para o nosso papel, mas que, na verdade, foi ditado, definido, determinado por outras pessoas. Muitas vezes usamos o nosso poder de "dirigir" as outras pessoas em cena, seguindo o que há de mais previsível e normatizado por estruturas de poder que estão acima da gente. É assim que geralmente criamos nossas ficções.

A autoficção, termo cunhado por Serge Doubrovsky em 1977 para caracterizar o gênero literário no qual o assunto era o próprio autor – e não podia ser caracterizado como biografia pelo caráter ficcional –, virou o feed pessoal em alguma rede social. Em vez de rompermos com a velha ideia da autobiografia como um exercício de narcisismo e vaidade, tudo foi potencializado pelo fetiche de mercado em prolongar a ficcionalidade do Eu através de plataformas de autoexpressão.

As redes sociais nos levam a pensar que nossas "identidades" são interessantes (ou não), que devemos compartilhar e expor nossa vida como se isso fosse a coisa mais natural e importante do mundo – sem pensar nos efeitos dessa prática, no que a exposição constrói coletivamente. Como uma nova forma de criar identidade, as redes podem sugerir que não é mais preciso <u>ter</u> para "ser"; basta <u>parecer</u> para "ser" (o que talvez não diminua em nada a vontade de ter, e sim aumente a vontade de manipular).

Apesar dos textões que denunciam que "tá todo mundo fingindo", que "rede social não é vida real", a partir do momento em que essas imagens se tornam públicas, passam a ser "verdade". São verdadeiras ficções que causam impacto. Seguem em cascata. Há quem não resista. Por isso, tenho me tornado um crítico ferrenho da naturalização de uma vida editada e recortada nas redes sociais.

Critico não só porque sinto as consequências, mas também porque reflito sobre a escala do impacto – que muitas vezes leva pessoas a comprarem o que não precisam, a se compararem, a sofrerem distúrbios de autoimagem... Sinto que ainda não dimensionamos os efeitos disso tudo. É muito fácil querer repetir um papel idealizado, mesmo que nem sempre seja real para a outra pessoa – e nem para nós, não é?!

Hoje consigo compreender que, na maioria das vezes, as pessoas estão performando aquilo que acham ser o certo. O que é natural. As recompensas são claras para quem segue o jogo. É um grande reality show no qual a meritocracia – do poder, da beleza, do status, do dinheiro – motiva pessoas a se moverem de fase – seja para conseguir mais clientes, empregos, dinheiro, likes, cantadas...

Sem querer julgar o tipo de conteúdo que algumas pessoas estão fazendo – pois tenho compreendido também que cada pessoa oferece o que pode –, quando olhamos para os perfis com feeds de rostos e corpos que têm mais engajamento, percebemos que, na sua grande maioria, apresentam imagens que reforçam o padrão estabelecido ~~pelo espírito do tempo~~ pelas classes dominantes.

Quanto mais pluralidade, maiores são as chances de as pessoas se identificarem com papéis diferentes. Maiores são as chances, inclusive das pessoas que não se veem hoje nas redes, de conseguirem bancar um papel próprio, que não esteja validado previamente por likes e comentários. Isso porque, além das caracterizações e dos padrões estéticos, é preciso rever o perfil de muitos papéis disponíveis.

Felizmente, as más interpretações cabem não somente a atores mas também a "pessoas comuns". Quando digo más interpretações, estou me referindo não somente àquelas de pessoas que tentam sustentar algo que não são – para enganar, trapacear, manipular –, e "a máscara cai", como também àquelas de pessoas as quais se empenham em sustentar algo que não são.

Há muitas pessoas que tentam representar algo que lhes é imposto e fracassam brilhantemente, não dando conta de se encaixarem naquilo que estava estabelecido (e que, porém, não lhes pertence). Podemos, por outro lado, reconhecer pessoas conseguindo, com muito esforço, viver a contracultura: agir pela revisão normativa da história, escrever e registrar novos papéis, criar diferentes utopias.

São pessoas que fracassam em seus papéis e são vistas como "más" – afinal de contas, tudo o que é diferente parece errado. Quando uma pessoa assume um papel que não somente é novo para ela, mas também não é estabelecido na sociedade, ou até mesmo quando tenta modificar o conceito de um papel, frequentemente será considerada fracassada e encontrará diversos obstáculos.

Não à toa, à medida que vemos crescer o número de pessoas querendo se libertar, vemos forças opostas com disposição para conservar o que está dado como padrão, para manter os papéis tradicionais. Temos assistido nos últimos tempos uma (contra)reforma heteropatriarcal colonial, que visa desfazer as conquistas de processos de emancipação sexual, anticolonial, operária e animal.

Por isso a importância de subvertermos essa falsa noção de liberdade que nos é vendida: para cada vez mais pessoas libertarem a vida lá onde ela é prisioneira – como dizem Deleuze e Guattari; para encorajar pessoas que "fracassam em seus papéis", como diz Judith Butler, e reescrevem sua biografia. A internet e as redes sociais, ao mesmo tempo que podem fazer muito mal, podem também ser um antídoto para ajudar a revelar e contar novas histórias.

Acredito que, a partir do verdadeiro autoconhecimento e do reconhecimento das estruturas que nos cercam e nos formam, podemos começar a questionar nossos personagens. "Você está confortável com o seu papel?" Pode ser que sim. Pode ser que não. Mesmo que a resposta seja sim, lembre-se de que o papel da outra pessoa também se constrói a partir do seu. Talvez algumas pessoas não possam mudar de papel enquanto você não mudar também.

Depois de reconhecer isso, é preciso agir. Usar as tecnologias que reproduzem a ficção da "normalidade" a nosso favor. Questionar. Questionar. Questionar. Fracassar. Negar-se a repetir um papel inconveniente. Reescrever ou reeditar. Pular um ato. Acrescentar um texto. Aceitar que não podemos excluir a nossa participação. Entender que, além de mudanças individuais, precisamos perseguir também micro e macropolíticas as quais sejam capazes de modificar narrativas hierárquicas que nos constituíram como pessoas. É assim que a gente <u>começa</u> a libertar o presente.

APROFUNDAMENTO

PARA LER

■ *A representação do Eu na vida cotidiana*

O livro de Erving Goffman estuda o comportamento humano em sociedade e sua forma de manifestação. Com exemplos fáceis e práticos, mas sem sair do rigor científico, o autor serve-se da linguagem teatral como estrutura de exposição dos conteúdos e para sua teoria, pois acredita que em sociedade utilizamos formas de representação para nos mostrar.

■ *Um apartamento em Urano*

Um dos pensadores mais radicais e indispensáveis da atualidade, Paul Preciado, apresenta neste livro uma seleção das suas "crônicas da travessia", uma coletânea de textos que acompanham seu processo de transição de gênero. "Um livro corajoso, transgressivo e urgente que defende, acima de tudo, a liberdade dos corpos e das subjetividades."

■ *Abundância e liberdade: uma história ambiental das ideias políticas*

Pierre Charbonnier faz uma reflexão sobre os resultados do paradigma moderno de progresso e os sentidos que damos à liberdade em um momento em que as crises climática, ecológica e econômica colocam em perigo sua própria realização. A obra propõe caminhos para o desafio de reconstruir os arranjos entre sociedade e natureza.

■ *Mulheres, raça e classe*

Angela Davis começa o livro tratando da escravidão, dos seus efeitos e da forma pela qual a mulher negra foi desumanizada. A obra nos dá a dimensão da impossibilidade de se pensar um projeto de nação que desconsidere a centralidade da questão racial e é fundamental para entender a necessidade de levar em conta a intersecção de raça, classe e gênero para criar uma nova sociedade.

■ *Estigma: notas sobre a manipulação da identidade deteriorada*

Neste livro Erving Goffman reexamina os conceitos de estigma e identidade social, o alinhamento grupal e a identidade pessoal, o Eu e o outro, o controle e os desvios, detendo-se em todos os aspectos da situação de pessoas estigmatizadas: dos boêmios aos delinquentes, das prostitutas aos músicos de jazz, dos ciganos aos malandros de praia.

■ *Um defeito de cor*

O romance histórico de Ana Maria Gonçalves retrata a vida de uma africana idosa, cega e à beira da morte que viaja da África para o Brasil em busca de um filho perdido. Na obra, percebemos o quanto os fatos históricos estão imersos no cotidiano e na vida dos personagens, conforme a protagonista vai contando sua história, marcada por violências estruturais.

DEIXE SUA MARCA

O que está por trás do "biscoito" na internet? Popularidade, reconhecimento, aceitação, atenção, satisfação... estou aqui pensando... conexões...? Dopamina? Resolvi entrar no jogo. Depois de ter abandonado o Facebook e passar um longo período sem postar fotos no Instagram, a (carência) pandemia me levou a criar um outro perfil para postar fotos minhas – no espelho, de corpo todo, feitas por fotógrafos profissionais ou mesmo fotos amadoras, tipo selfies.

Para quem não está por dentro, "biscoitar" é um verbo próprio da internet. Tem a ver (de acordo com umas buscas que fiz no Google) com "chamar atenção", "fazer algo para ganhar likes". É algo que se faz com a intenção clara de recolher elogios (como se houvesse o que se faça na internet sem ser com essa intenção ou pelo menos com o objetivo de causar uma boa impressão).

Outro fator (des)motivador foi o isolamento social, que me levou de volta aos aplicativos de encontro, tipo Tinder. Dois ou três matchs depois, percebi que havia ali pessoas que divulgavam seus perfis do Instagram como se fossem um cartão de visitas, e algumas pessoas, antes mesmo de perguntar em qual cidade eu estava, em quem havia votado nas eleições presidenciais de 2018 ou se gosto de café com ou sem açúcar, logo diziam: "Me passa seu Instagram".

Mãos ao alto. Eu não tinha nada para entregar. Então, acabei me rendendo. E vou te dizer, não foi difícil. Juntei umas fotos sem camisa, outras em viagens internacionais (uma brincando na neve que eu amo), alguns closes com sorrisos (nada) espontâneos, isso tudo mesmo estando trancado dentro de casa, possivelmente deprimido e com o corpo totalmente diferente do período pré-pandêmico. Mas as pessoas queriam ver mesmo assim.

Talvez elas não estivessem erradas. Aquilo que se recorta, que se escolhe mostrar, sendo "verdade", em tempo real ou não, diz muito sobre nós, sobre a marca que queremos deixar no mundo. Parece inofensivo. É instintivo. Totalmente naturalizado. As pessoas acordam, pegam o celular antes mesmo de pisar no chão ou escovar os dentes e pá, vão em busca desse tipo de conteúdo. Só que, apesar de a carência ter me motivado, reconheço que havia algo maior por trás.

A <u>banalização da selfie</u> é um produto do capitalismo de consumo. Talvez nem sempre seja carência. Começa na lógica do "eu me amo", do "eu me otimizo", do "eu me aperfeiçoo"; de mostrar que eu – obviamente – consumo e faço de tudo para chegar nesse "ideal", nessa espécie de conforto do Eu, a ponto de sentir segurança e confiança para postar uma foto minha de rosto, com pouca roupa ou com a roupa da moda, numa self ou no espelho (claro), como se isso fosse relevante para todas as pessoas.

Um monte de gente curte. Você já deve ter experimentado isso, principalmente se estiver de acordo com as demandas do momento. O êxtase de receber curtidas sequenciais, comentários com elogios, novas solicitações de amizade, seguidores…, Nossa! Para algumas pessoas, acredito, deve ser quase um gozo. É também uma das maiores engrenagens do capitalismo. Parece inevitável – até mesmo pessoas que fazem textões contra o sistema caem nessa em algum momento.

A self é encorajada e naturalizada por conceitos cooptados de autoestima-cuidado-e-amor (nem sempre relacionados a quem compartilha). Vale-se da facilidade das ferramentas de autopublicação. É útil para mensurar resultados das otimizações ("Nunca foi genética", alguém postou agora). Mas, apesar de parecer "nada demais", talvez seja hoje um dos ativos que mais comprometam a integridade da nossa subjetividade e a nossa relação com o mundo que nos cerca.

O sintoma é o like; a doença é a distorção do senso crítico de importância, de relevância, de exposição; e os efeitos colaterais são a comparação e a vontade de "consumir" qualquer coisa que nos faça parecer uma imagem idealizada. Assim, é estabelecido um ciclo vicioso semelhante ao de ratos de laboratório, que, quando entendem que precisam acionar uma alavanca para receberem (recompensa) comida, continuam a apertando. "Feed me."

Essa é a lógica do feed da rede social. Infelizmente, esses estímulos imediatos bloqueiam o acesso ao "puro belo", como diz Byung-Chul Han. Em seu livro *A salvação do belo*, compartilha a história do dramaturgo Botho Strauss. Quando lhe perguntaram por que havia se despedido do teatro, disse: "No palco, queria ser um erótico, hoje contudo, dominam os pornográficos – estética e literalmente. Interesso-me pelas associações e situações eróticas, mas hoje não se associa e se situa, mostra-se apenas o lado pornográfico das coisas".

Aqui, o erótico se diferencia do pornográfico pelo seu caráter indireto e sinuoso, e Botho Strauss lamenta justamente a perda das distâncias cênicas que contemplam alusões e insinuações. Já a "pornografia" evita desvios e conversas. Vai direto ao ponto. É prática. Instagramável. Resolve sem que precisemos dialogar com o objeto em cena – outra mania que levamos para tudo e que tem impactado a nossa relação com todo tipo de conteúdo que recebemos. Quais as consequências de uma sociedade idealizar e estimular esse comportamento?

Nos aplicativos de relacionamento ou nas redes sociais, muitas pessoas estão expostas e criam perfis para se exibirem como mercadorias. Digo isso sem falso moralismo ou mau julgamento – acabei de dizer que também faço, mas é importante termos consciência. Fastfood. Caso nunca tenha cruzado comigo, vou te contar: meu eu anabolizado é representado por fotos com braços cruzados, flexionados e mãos entre axilas para sobressaltar ainda mais os bíceps e meu CV na bio.

Não é à toa. O corpo forte, esculpido, inchado, geralmente idealizado e valorizado para a caracterização do "homem", carrega uma série de camadas subjetivas, construídas ao longo do tempo, antes que se tornasse um "padrão" (e até uma preferência estética). Pode ter mais peso que o curriculum. Vem dos mitos, das beldades gregas... passa por atores, modelos, celebridades... por diversos tipos de "heróis". Não sem motivo é tão idealizado (principalmente entre homens gays).

"Tornar-se e continuar sendo uma mercadoria vendável é o mais poderoso motivo de preocupação do consumidor" (pois muitas vezes compramos para exibir), diz Bauman em *Vida para consumo*. Para ele, vivemos em uma "sociedade de consumidores", que desde cedo converte pessoas em compradores e mercadorias. Essa mesma sociedade recompensa – e penaliza – seus integrantes de acordo com a prontidão e a adequação deles.

E não somente nas redes sociais. Talvez elas só tenham potencializado, escancarado essa noção. "O teste em que precisam passar para obter recompensas sociais exige que remodelem a si mesmos como mercadorias, capazes de obter atenção e atrair demanda." Fregueses. Bauman diz ainda que a ameaça e o medo do ostracismo e da exclusão pairam sobre quem, de alguma forma, não se coloca no jogo (ou para jogo) – o que acaba influenciando muitas pessoas.

Nessa dinâmica, a potência vital em sua própria essência passa a ser usada para a reprodução de papéis de representação. Os mercados de consumo são ávidos por tirar vantagem dos nossos medos e vontades, e as empresas que produzem bens de consumo competem pelas funções de guiar e auxiliar de forma confiável nossos intermináveis esforços para enfrentar esse desafio. É tudo muito bem orquestrado. Muito maior do que nós.

Fico pensando se em algum momento da história (talvez na primeira revolução industrial) um grupo de homens, brancos, europeus, cis, com mentalidade imperialista e colonial, de roupa social e sapatênis, fumando charutos, tenham sentado em torno de uma mesa para inventar essa lógica. Provavelmente não tenha sido assim. Mas não quer dizer que posteriormente essas conversas não tenham acontecido.

Trabalhei durante sete anos com propaganda, em duas das maiores agências multinacionais que estavam no Brasil. Nas reuniões – com grupos de homens bem parecidos com esses que descrevi (a diferença é que usavam umas palavras em inglês, e provavelmente europeus não fizessem isso) –, era comum ouvir frases como estas:

Publicitário 1: As pessoas não compram coisas, elas compram identidade.

Publicitário 2: Precisamos encontrar um personagem que represente o sucesso, a realização.

Anunciante 1: Esse é o carro que vai fazer todo homem de pau pequeno se sentir mais potente.

Publicitário 3: A modelo precisa ser linda, perfeita!

O mercado cooptou totalmente a ideia de que precisamos de "coisas" para construirmos nossa identidade e termos segurança dos nossos papéis. Não que as "coisas" consumidas não digam um pouco (ou muito) sobre nós (o que somos ou idealizamos), mas a ideia de dependência, de obrigatoriedade é contra qualquer tipo de liberdade. E para mostrar quem somos temos que nos expor, nos expressar e atrair validação, olhares, aceitação... Assim, nós nos colocamos como mercadorias na vitrine. As outras pessoas veem. Reproduzem. Por aí vai. A espiral é infinita.

Na vida em sociedade parece vital o reconhecimento de ser parte integrante dessa lógica. Não ter poder de compra, não comprar ou não ter acesso se torna algo devastador (do ponto de vista da subjetividade). E as pessoas vão fazer de tudo para consumir, para estar em sintonia com as tendências, com o que há de mais novo – não importa quem fez, de onde veio e qual impacto causou para ser produzido. Parece não haver espaço para quem não cumpre o seu papel social primordial de ser um "puro consumidor" exemplar.

É desse jeitinho que vamos nos tornando mercadorias. E há consequências não somente para o planeta, através da devastação de recursos. Em camadas mais subjetivas, também existe impacto nas relações – da gente com a gente e da gente com outras pessoas. "Esta é a identidade do humano contemporâneo, que o leva a olhar tudo como algo que pode ser adquirido para o consumo, inclusive o outro, e, principalmente, ele próprio, o qual deve se apresentar aos olhos de todos como algo que merece ser visto, adquirido e consumido como qualquer outra mercadoria."

De acordo com Bauman, é assim que vamos reforçando a lógica de que as pessoas são avaliadas pelas suas capacidades de consumir e de se tornar atraentes, sendo esse o termômetro para reconhecer (ou não) o valor de cada uma em cena. Quando uma pessoa posta uma foto na frente de um espelho com uma roupa nova, pergunto-me o quanto ela pode estar contribuindo com essa cultura, mesmo que de forma não intencional, afinal, já está naturalizado, faz parte do jogo.

Consuma. Até se a roupa for de brechó, se for da sua avó ou se for uma roupa repetida. Porque consumir não tem a ver só com "comprar", muito menos só com comprar "coisas novas". Tem a ver igualmente com a cultura do TER, acima da cultura do SER. Não tem a ver só com "coisas". Tem a ver também com conteúdos, ideias, informações... e serviços. Quem não "está por dentro" e não mostra que está por dentro, perde espaço. Não há como falarmos de consumo consciente antes de refletirmos sobre tudo isso.

Poderíamos refletir também sobre a nossa contribuição potencial com essa sociedade de mercadorias ao compartilhar fotos com poucas peças, biquíni, sunga, sem camisa ou mesmo sem roupa, expondo o corpo como mercadoria otimizada. Isso é consumo, pois recebemos estímulos para exibir não somente a roupa ou o corpo como também os resultados da academia, da dieta, das otimizações.

É o "estilo de vida". Aqui o TER refere-se à capacidade de otimização para manter-se atraente e sustentar a performance, mesmo que ela não seja sustentável. Geramos bilhões para plataformas de mídias sociais graças ao desejo cada vez maior de replicar na internet quem achamos que somos e quem queremos ser, cocriando a ideia de quem (ou como) todas as pessoas devem ser.

Esse tipo de sociedade contribuiu com a seguinte norma: quem, por qualquer motivo, não consegue consumir é fortemente elegível a algum tipo de exclusão social. Isso acontece principalmente com pessoas de classes mais baixas, as quais, embora sejam expostas às seduções muito bem amparadas do consumismo, muitas vezes não podem se dar ao luxo de serem seduzidas.

A invisibilidade social é a morte da identidade do sujeito contemporâneo, pois nessa cultura quem não é visto também não é desejado, não é lembrado e não existe. Como Bauman diz: "não sendo objeto do desejo do outro, perco a identidade". Pesado, né?! Bem, eu adoraria te dizer que isso tudo é uma grande bobagem. "Sai dessa." Mas não é. Essa é a forma como aprendemos a lidar com o mundo, a não ser que você consiga ir realmente contra essa lógica. Consegue?

Não se culpe. Desde que nascemos nos acostumaram a agir assim. (É o mercado falando para não se culpar.) Se as pessoas fossem educadas a pensar de um jeito diferente, a serem mais críticas, a buscarem respostas para quem são além do consumo, muita coisa poderia ser diferente. Se aprendêssemos sobre o impacto que esse tipo de comportamento tem causado e as consequências que o planeta e a nossa espécie sofrem, talvez procurássemos outros caminhos.

Ganhamos muitas recompensas para nos tornarmos mercadorias – numa entrevista de emprego, num encontro, numa reunião social. Não é que eu concorde com essa lógica, mas está claro para mim que tudo o que está posto serve para recompensar as pessoas pelas suas performances, mesmo que sejam também recompensas frágeis ou ilusórias. Às vezes é mais forte do que a nossa vontade. Pior: quase sempre contribuímos com essa lógica pela forma como nos comportamos.

Dizem que um post nas redes sociais com a foto de um homem sem camisa tem performance 30% melhor que um outro post com a imagem de uma pessoa vestida. Se for uma mulher de biquíni, pode chegar até a 54%. A partir disso, as discussões são infinitas: é o algoritmo ou a preferência das pessoas? Eu acho que são as pessoas, mas não significa que não tenha a mão do sistema nisso tudo.

Além dos ganhos subjetivos, algumas pessoas tiram lucros reais de todo esse jogo. Há cada vez mais formas de monetizar identidades, o que acaba sendo um incentivo à criação de uma marca pessoal forte. Mas, sem dúvida, quem ganha mais é o mercado. Vender produtos e serviços a consumidores carentes e em busca de "uma identidade", em busca do seu estilo próprio, da sua marca própria, é lucrativo à beça. Quem perde são o planeta e as pessoas, enquanto coletivo.

Carência (por um papel, um lugar, um espaço) e idealização não inspiram a representação de papéis originais, ousados ou criativos. Ao contrário, geram conformidade e culto à variação mínima, à manutenção de padrões. Colaboram para a "construção" de mercadorias (papéis) que se assemelham muito às que já se mostraram bem-sucedidas "no mercado". Contribuem para o afastamento da gente com a gente, com outras pessoas e com o meio ambiente.

"O que se gera nesse processo são formas de existência das quais se extrai livremente capital econômico, político e cultural", diz Suely Rolnik em *Esferas da insurreição*.

Temos nos permitido isso de forma cada vez mais naturalizada – enquanto deveríamos estar cada vez mais alertas. Assim vamos alimentando a economia do desejo, na qual o capitalismo transacional se apresenta como o único mocinho do planeta capaz de oferecer a chance de garantir uma suposta liberdade de ser quem se é, num grande jogo de "cafetinagem", como diz Suely.

É "por meio das ações do próprio desejo que a subjetividade alimentará a acumulação de capital e seu poder, oferecendo-se gozosamente ao 'sacrifício', como a trabalhadora do sexo que, enquanto não cai a ficha, se oferece ao cafetão na esperança de que este lhe garanta não só a sobrevivência, mas o próprio direito a existir". Seria exagero falar em colonização da vida pelo mercado de bens de consumo? Suely Rolnik aposta que não.

Em *Esferas da insurreição*, ela investiga a causa e conclui que "uma ambientação sinistra instaurou-se no planeta com a tomada de poder mundial pelo regime capitalista em sua nova versão – financeirizada e neoliberal – que leva o seu projeto colonial às últimas consequências: a colonização de subjetividades".

Nisso reside a atual perversão do regime colonial-capitalista e seu real perigo. A vantagem para a economia é óbvia. "Havendo já devastado as forças materiais do planeta, dirige-se agora à expropriação total de nossas forças inconscientes." Busca enriquecer à custa das nossas subjetividades. Transforma todo corpo em escravo. Torna todo corpo um produto. É um corpo que se despe para permanecer vestido.

Se a base da economia capitalista é a exploração da força de trabalho, para delas extrair mais-valia, a "cafetinagem", segundo Suely, é o que caracteriza o atual sistema como força de criação, transmutação e variação de identidades. Assim, como se sob feitiço, "trabalhadores do sexo" tendem a não perceber a crueldade do cafetão; tendem, ao contrário, a idealizá-lo, o que leva a entregar-se ao abuso por seu próprio desejo.

Estamos em uma partida bem arriscada. Numa sociedade em que tudo está à venda, inclusive nós, "deixamos de ser pessoas e passamos a ser predadores", como diz Ailton Krenak, o qual nos lembra, desde o título de sua obra, que *O amanhã não está à venda*. Além das consequências diretas que esse jogo traz para o planeta – seguindo um modelo de produção que explora recursos naturais (e pessoas) –, há algo ainda pior.

Há consequências subjetivas, nem por isso menos devastadoras e profundas, que vão contra a possibilidade de pensarmos não somente em consumo consciente mas também em sustentabilidade e liberdade. Acreditar que o mundo gira ao nosso redor e que tudo deve nos servir acaba com qualquer sentimento coletivo.

O narcisismo, o culto ao Eu, a necessidade de sermos "importantes", o consumo de coisas e relações para superar frustrações, ou seja, a perspectiva identitária baseada somente na demanda individual, nada disso considera que todas as identidades são construídas socialmente e que nossas ações impactam outras pessoas. Não considera que as pessoas precisam umas das outras. "Eu sou importante, sou maior que tudo."

E porque nossas necessidades individuais podem ser diferentes, essa política tem o potencial de enfraquecer a organização coletiva para resolução de problemas que afetam a nossa subjetividade, mas que são compartilhados entre todos, como escrevem Arthur Moura e Ricardo Nascimento em um texto sobre identitarismo no site LavraPalavra:

"O paradigma da identidade atual reduz a política a quem você é como indivíduo e a ganhar reconhecimento como indivíduo, em vez de ser baseada no seu pertencimento a uma coletividade e na luta coletiva contra uma estrutura social opressora. Como resultado, a política identitária paradoxalmente acaba reforçando as próprias normas que se propõe a criticar."

Eu comecei este capítulo falando do biscoito na internet a partir do uso da imagem pessoal, mas o mesmo conceito pode valer para o compartilhamento de virtudes, boas práticas, ações e até o engajamento em campanhas e protestos virtuais. Na vontade de querer "aparecer" bem, é preciso ter cuidado para a consciência política, cada vez mais necessária, não ser esvaziada pela preocupação com a reputação individual. Como dizem Arthur Moura e Ricardo Nascimento:

"A lógica de que o pessoal é político foi cooptada para a redução do político ao meramente pessoal. Assim, a ação pseudopolítica atualmente coincide com a adoção de identidades como estratégia discursiva ou mera ação narcísica. Ao invés da organização e união coletiva para efetuar mudanças nos arranjos sociais estruturais a serviço do bem comum e do bem viver, a política é reduzida ao individualismo do gesto de ostentação das aparências aprovadas socialmente."

Também pode acontecer de forma não intencional por meio da sensação de que somente compartilhando um conteúdo "ativista" estamos resolvendo a problemática – e isso pode nos acomodar na tomada de ações –, seja através do compartilhamento de hashtags, seja através do compartilhamento de conteúdos politicamente corretos, que, "na maioria das vezes, não são nem políticos, nem corretos, apenas uma forma de compliance de ideologias que perpetuam a dominação de muitos por poucos".

A escritora Helena Viera, em uma postagem no Instagram, chamou atenção para o ativismo narcisista, aquele autocentrado, no qual a pessoa toma a si mesma como exemplo de perfeição (e isso vale para criadores de conteúdo também). Geralmente intolerante e autoritário, esse tipo de ativismo não se abre a atravessamentos nem à existência de diferentes realidades. "Não há disposição para nada além do monólogo e momentos de estrelato", diz a escritora.

O perigo disso é promover o esvaziamento político. A ideia lúdica acerca da construção e da comunicação de identidades não pode apagar as diferenças estruturais nem silenciar vozes aliadas e lutas coletivas. Nossa identidade deve ser usada como ferramenta política de resistência e aprofundamento de relações sociais, e isso deve valer para todas as pessoas, não somente para aquelas que fazem parte de grupos minorizados e lutam por sobrevivência.

A vida precisa ser coletiva. Quem tem privilégios (e sempre estamos nessa posição em relação a alguém) precisa colocá-los a serviço de causas estruturais para reformular o modo como vivemos nossas vidas. As recompensas precisam ir além das que as plataformas oferecem. Precisamos agir pelo fim da opressão e pela liberdade coletiva.

Lulu Mendes, uma das primeiras pessoas a ler este livro antes de ser impresso, ao me auxiliar em uma leitura crítica, deixou o seguinte comentário no final deste capítulo: "Pessoalmente, eu não acredito que o narcisismo humano, a essa altura, é passível de ser 'erradicado'. O indivíduo pós-moderno é narcísico e sistematicamente vive e opera numa lógica narcísica de mundo. Penso que se tem algo a se fazer aí, se existem possibilidades de partir do narcisismo para um maior senso coletivista, de alteridade, deve ser algo como: cuide do seu próximo, do seu entorno, dos seus iguais (e diferentes) para que viva mais e melhor você também". É. Pode ser uma forma de virar esse jogo. Que tal?!

APROFUNDAMENTO

PARA LER

■ *Vida para consumo: transformação de pessoas em mercadorias*

Zygmunt Bauman nos revela a verdade oculta, um dos segredos mais dissimulados da sociedade contemporânea: a sutil e gradativa transformação dos consumidores em mercadorias. "As pessoas precisam se submeter a constantes otimizações para que, ao contrário de roupas e produtos que rapidamente saem de moda, não fiquem obsoletas."

■ *Esferas da insurreição: notas para uma vida não cafetinada*

Como diz Paul Preciado no prefácio deste livro de Suely Rolnik: "a falta de vergonha e de medo lhe permite entrar nas camadas mais obscuras do fascismo contemporâneo, nos guiar nos lugares que mais nos aterrorizam e tirar dali algo com o que construir um horizonte de vida coletiva".

■ *A vida não é útil* e *O amanhã não está à venda*

O pensador e líder indígena Ailton Krenak aponta as tendências destrutivas da chamada "civilização": consumismo desenfreado, devastação ambiental e uma visão estreita e excludente do que é a humanidade. Nestes dois livros, Krenak questiona os "consumidores do planeta" e a própria ideia de sustentabilidade.

PARA ASSISTIR

■ *"Se o amor é líquido nóis passa o rodo"*

Audino Vilão, youtuber e professor de filosofia, apresenta em seu canal do YouTube uma série de vídeos para entender a obra e o pensamento de Bauman (além de outros filósofos), com uma linguagem conectada aos tempos atuais e mais próxima da periferia. Espere vídeos (ótimos) com títulos como "Nietzsche: o famoso roba brisa" e "Traduzindo Karl Marx para gírias paulistas".

■ *"Tô bonita?"*

Neste vídeo, disponível em seu canal no YouTube, a drag Rita von Hunty fala sobre a era da imagem, da pressão estética e da fobia e mostra como construir comunidades seguras apesar das culturas tóxicas que são criadas. Em seu canal Tempero Drag, há ainda outros vídeos que tratam das questões do corpo e das relações delas com a produção cultural.

■ *Alexandrismos*

Alexandra Gurgel, criadora do movimento Corpo Livre, em seu canal Alexandrismos e nas redes sociais, apresenta vídeos de diversos tipos – desde paródias com humor, entrevistas e palestras – sobre temas relacionados à pressão estética e **à** cultura da magreza, buscando estimular a aceitação de diversos corpos.

FAÇA O QUE VOCÊ AMA

Há duas perguntas que rondam a vida de quase todas as pessoas. Quando somos crianças, as pessoas nos perguntam o que queremos ser quando crescer. Depois, quando crescemos, nos perguntam o que nós somos ("Você é o quê?"), relacionando aquilo que fazemos ao nosso papel no mundo.

Como já contei em outros livros, quando criança pensei em ser astronauta. Sempre que dizia, ouvia muitas risadas. Fui desencorajado. Acabei virando publicitário. Passei por diversas áreas que me afastaram bastante da origem de quem "eu era", sempre de olho em algo "melhor" que eu poderia ser. É, o trabalho impacta nossas vidas, mesmo antes de começarmos a trabalhar.

O escritor Daniel Munduruku, em um episódio do podcast Primeiro Café, disse: "quando perguntamos para uma criança o que ela quer ser, estamos dizendo que ela ainda não é nada, e que para ser alguém ela tem que entrar na forma do ocidente, no jeito ocidental de ser, que é produzir riqueza, correr atrás do sucesso para ter uma vida sossegada, com muitos bens".

Apesar de a sociedade nos enquadrar a partir daquilo que fazemos, o trabalho é algo diferente para cada pessoa. Há quem possa escolher o que fazer, há quem trabalhe (literalmente) para sobreviver, e há quem infelizmente não consiga ter nem uma fonte de renda. Sendo assim, é preciso ter atenção na hora de criar e espalhar narrativas (e expectativas) sobre trabalho.

Alguns discursos, ao invés de animarem, acabam tendo o efeito contrário – pode ser assim quando falamos que todas as pessoas devem trabalhar com (e por) propósito, quando fazemos previsões sobre o futuro do trabalho e quando disseminamos histórias de sucesso e superação, que na verdade podem ser farsas ou até romantizações da precariedade em que muitas pessoas se encontram devido à desigualdade e à pobreza.

A cultura de educar crianças para "serem alguém na vida" (pelo viés ocidental) tem o potencial de levar pessoas a fazerem aquilo de que não gostam, a seguirem carreiras ou profissões de familiares somente porque parecem ter melhor remuneração e, principalmente, a entenderem que são definidas a partir daquilo que fazem e não a partir daquilo que verdadeiramente são. Mas também pode ser diferente para cada pessoa. Há quem precise buscar estratégias para trabalhar.

Aprendi com uma amiga, que diz "sou Ana e <u>estou</u> nutricionista e vegana", a olhar o trabalho como algo impermanente. "Estou escritor" e faço – além de escrever – vários trabalhos para me manter financeiramente (consultorias, palestras, produção de conteúdo…). Quando me perguntam o que sou, digo: "carioca, filho da Vera e do Célio" (o resto ainda estou buscando). Tenho relacionamentos diferentes com minhas diferentes tarefas, a partir de uma visão menos romântica do que antes.

O imperativo "Faça o que você ama" pode soar como uma afronta em um país no qual muitas pessoas vivem abaixo da linha da pobreza e empobrecem cada vez mais – e são pouquíssimas as pessoas que conseguem o "sucesso" necessário para uma vida tranquila no futuro. Isso tudo me leva a pensar: quando não conseguimos fazer aquilo que amamos, falhamos na vida? O que produzimos sem envolvimento afetivo ou emocional tem menor valor?

É impossível não conectar as histórias que crio com as que leio e ouço. Quando terminei *Torto arado*, fiquei muito mexido e tentava compreendê-lo. O livro de Itamar Vieira

Junior tem como pano de fundo o (Brasil) sertão baiano, onde perdura até hoje o modelo escravocrata de exploração. *Torto arado* tem o propósito de nos levar fundo por terras cheias de miséria, fome, seca… e histórias. De vida. E de morte. As mulheres e suas lutas são as principais protagonistas.

Eram "filhas de trabalhadores rurais que passariam a vida lutando pelos direitos à terra, como descendentes de escravizados africanos, para os quais a abolição significou muito pouco, visto que ainda sobrevivem em uma situação análoga à escravidão." Quando fala sobre as crianças, é triste demais: "Perdi a conta de quantas não resistiram à falta de alimentação e seguiram sem vida, em cortejo para o cemitério da Viração". O que será que elas sonhavam em ser?

Nem um pouco livres, as pessoas do livro vivem em uma fazenda e trabalham para o dono da terra em troca de espaço para morar. Parece uma relação de troca, porém as pessoas poderiam construir apenas casas de barro, "que se desfizessem fácil com o tempo, a chuva e o sol forte" ou quando fosse necessário. Grande parte dos alimentos produzidos deve ser entregue aos "senhores", e o trabalho é tanto que ocupa praticamente todo o tempo, reduzindo a possibilidade (e a energia) para produzir para si e familiares.

Tais condições também não viabilizam qualquer chance de emancipação. Não há como produzir além do necessário para sobreviver. Quem ali trabalha não tem nenhum pedaço de terra, salário ou qualquer outra fonte de renda. Logo, não se veem caminhos para sair de lá, pois, apesar de ruim, a "troca" é o que mantém a sobrevivência. É tudo muito bem organizado para que seja impossível a libertação daquelas pessoas.

Então chego em um texto que conecta esse livro aos nossos tempos, escrito por Rafaela Arradi, comunicadora e criadora do projeto Desencaixe (@odesencaixe no Instagram). Ela me lembra de que, "atualmente, vemos um país em que o trabalho está cada vez mais precarizado, no qual as pessoas trabalham mais, chegando a um estado de exaustão e, ainda assim, o dinheiro que recebem quase não dá conta de garantir a sobrevivência, em alguns casos chegando a não ser nem o suficiente".

A maior parte da população não consegue buscar alternativas melhores, uma vez que, assim como as pessoas retratadas no livro, a "troca" é o que garante a sobrevivência. Não tendo poder para encontrar algo melhor, muitas pessoas se mantêm em trabalhos que não trazem alegria ou realização e se conformam com a "sorte" de ter um trabalho. Os índices de desemprego são altíssimos. E, quando fazemos análises de raça e gênero, vemos que a nossa realidade não é muito diferente da de *Torto arado* e seus personagens (apesar de afetar mais ou menos muitas pessoas).

Na época em que a narrativa do livro se passa, a escravidão já havia sido proibida, como diz um dos personagens: "Os donos já não podiam ter mais escravos, por causa da lei, mas precisavam deles. Então, foi assim que passaram a chamar os escravos, de trabalhadores e moradores. A mesma escravidão de antes fantasiada de liberdade. Mas que liberdade?".

Para sustentar a relação, os senhores lembravam constantemente seus trabalhadores de que "eram bons, porque davam abrigo aos pretos sem casa, que andavam de terra em terra procurando onde morar. Como eram bons, porque não havia mais chicote para castigar o povo. Como eram bons, por permitirem que plantassem seu próprio arroz e feijão, o quiabo e a abóbora". E diziam: "Podem ir embora quando quiserem, mas pensem bem, está difícil morada em outro canto."

No texto que inspirou esta reflexão, Rafaela Arradi diz: "Os donos da propriedade passam a dizer que aquele povo deveria ser grato pelo acolhimento e condições de sobrevivência que proporcionavam a quem não tinha nada. Podemos fazer um comparativo com a nova ótica empregada pelo neoliberalismo no qual empresas trazem narrativas de autonomia e liberdade, e até se referindo a funcionários como parceiros, família, time, como se fosse um espaço afetivo para além de um contrato empregatício".

Continua sendo uma relação de troca. Nem sempre tão justa. Equilibrada. Como diz Rafaela, "sem a classe trabalhadora não existe mercadoria. Sem seus funcionários, os donos não são nada. Os trabalhadores são o motivo pelo qual eles podem acumular riqueza. Trabalho não é caridade, mesmo assim há muita gente grata por ter um emprego, mesmo que ruim, por receber um salário, mesmo que baixo, mesmo sem uma vida digna, descanso, boa moradia, alimentação, saúde mental... Afinal, no Brasil de 2021 virou privilégio sobreviver."

A nossa relação (de amor) com o trabalho também passa por uma série de privilégios. Nem todas as pessoas são livres para amar (o trabalho). Muitas não têm opção. Mas não deveria ser assim. Infelizmente hoje muita gente perde a noção do que é um direito básico e o que é privilégio. Diante disso, não estou sugerindo que as pessoas não busquem fazer o que amam, que desacreditem, mas sim que, antes de espalharmos esses discursos, é preciso reconhecer que nem sempre o trabalho é uma escolha, e mais: para que mais pessoas possam escolher, será preciso promover mudanças estruturais.

Em um outro post no perfil @odesencaixe, Rafaela Arradi resgata a origem do termo "trabalho", que vem de *tripalium*, um instrumento de tortura. "Trabalhadores em épocas remotas eram aqueles que estavam na base da pirâmide social e seus trabalhos eram verdadeiras torturas, principalmente quando falamos da escravidão, uma vez que essas pessoas viviam apenas para produzir para as demais, indo até seus limites físicos e psíquicos", ela explica.

Ainda que hoje o trabalho esteja relacionado à remuneração (salário) e suas condições tenham mudado muito, para Rafaela é notável como essa área da vida costuma ser um fardo para muitas pessoas. Mesmo com as diferenças e melhorias que foram estabelecidas, simbolicamente ainda ele é sentido como tortura em vez de realização pessoal e contribuição positiva para o mundo. "Amor", então... vejo cada vez menos pessoas declararem esse sentimento pelo trabalho.

Percebo que a desilusão amorosa com o trabalho é proporcional à necessidade de sobrevivência, à precarização das organizações e dos contratos e à vontade de algumas poucas pessoas acumularem riquezas a partir do que constroem (explorando a vida de outras). Tudo isso, claro, com uma série de distrações, desde fazer as pessoas se sentirem gratas pelo mínimo até as "compensações" – que vão de ambientes de descompressão em empresas, com áreas de lazer e máquinas de biscoito e refrigerante, até "bonificações" por desempenho.

Os salários de algumas profissões estão ficando cada vez mais defasados, e ainda há, para muitas pessoas, a "necessidade" de trabalhar ganhando pouco para se inserirem ou se manterem no mercado. Existe um termo que explica isso: o "hope labor" ou "trabalho por esperança", cunhado por Kathleen Kuehn e Thomas Corrigan. Ele refere à automotivação de pessoas para trabalharem de graça, ganhando pouco ou topando parcerias unilaterais, quase abusivas, achando que dessa forma vão conseguir ganhar experiência, "aparecer" ou fazer relacionamento.

"Não me peça de graça aquilo que faço para viver", dizia Cacilda Becker. Certa vez compartilhei um post feito pela Egnalda Cortes (@egnaldacortes) com uma série de dicas gentis sobre "como responder a propostas indecentes de trabalho" ou, em outras palavras, como cobrar por trabalhos solicitados de graça ou na base da "parceria". Muitas pessoas agradeceram, confirmando que era algo comum de acontecer, mas também muitas disseram que infelizmente não conseguiam cobrar os preços justos por seus serviços e que, muitas vezes, "negociar" poderia colocar o trabalho em risco.

É bem provável que quem consiga se entregar a trabalhos que pagam pouco ou trabalhar de graça – quando são "boas oportunidades" e não questão de sobrevivência – sejam pessoas mais privilegiadas, que tenham outras fontes de renda e possam se dar ao luxo de "investir no futuro". Porém, para muitas pessoas (e não só em *Torto arado*), trocas injustas podem ser a única alternativa conhecida para sobreviver, e muitas vezes em trabalhos que nem de longe lhe trarão oportunidades futuras. Dessa forma, "os de cima sobem, e os de baixo descem", cada vez mais.

Enquanto isso, o trabalho afeta até mesmo quem conseguiu a sonhada estabilidade. Alguns ambientes, onde a competição e as altas jornadas imperam, têm se tornado cada vez mais tóxicos. O trabalho muitas vezes colabora para nos afastarmos de outras pessoas (quando precisamos disputar cargos e vagas) e para nos afastarmos de nós mesmos, tirando do centro da nossa vida aquilo que realmente queríamos e precisaríamos fazer. E isso sem falar na saúde mental. É cada vez mais difícil trabalhar de forma equilibrada.

Não à toa, em 2022 a OMS passou a classificar a síndrome do burnout como uma doença de trabalho. De acordo com o novo texto, o transtorno é considerado um "estresse crônico de trabalho que não foi administrado com sucesso". A questão poderá ser tratada na Justiça do Trabalho, caso trabalhadores sintam que o ofício lhes causou danos. Para mim esse é o sinal de que estamos passando por um grande "recall", uma grande "chamada em escala", comprovando que a forma como temos lidado com o que fazemos não está dando certo.

E nem sempre "a culpa é do chefe"; a cultura de desempenho e performance da nossa sociedade nos leva a isso. Já está impregnada, vide a glamourização dos yuppies como a geração que se destacou no mercado de trabalho e dos workaholics, pessoas que tinham que estar sobrecarregadas, estressadas, atrasadas, para provar que eram bem-sucedidas... Esse tipo de produção cultural impacta tanto a nossa vida que muitas vezes nem precisamos de alguém para nos colocar no *tripalium*. Mas isso não significa que não tenha a mão do ("chefe") mercado nisso.

"No papel, costumamos ter um horário fixo. Mas trabalhamos muito além das horas e normalmente não estamos, nem nos sentimos livres para fazermos o que quisermos após o expediente, e as barreiras entre o pessoal/profissional vêm se tornando cada vez mais quebradiças. Em uma sociedade em que as pessoas são vistas meramente como peças funcionais, nos acostumamos a nos aperfeiçoar mesmo no tempo 'livre' e doar nossa energia e foco para sermos cada vez mais produtivos e úteis dentro do sistema que nos torna cada vez mais descartáveis."

Esse alerta que Rafaela faz é bastante conhecido por muitas pessoas. Vamos nos atolando entre o trabalho formal, as tarefas cotidianas, os trabalhos invisíveis, os não remunerados… "Nos sentimos culpados e sem a liberdade de descansar, sentir prazer e aproveitar a vida. Até o momento de ver um filme ou uma série passa a ser uma oportunidade de aperfeiçoar um idioma." Uma festa vira espaço de "network". As relações de trabalho vão também para a vida pessoal, e os assuntos de trabalho não acabam nunca. Não é?!

Pouco ouvimos sobre esses temas na mídia ou dentro das empresas. Ouvimos com mais frequência muitas histórias "inspiradoras", que reforçam o mito da meritocracia, segundo o qual as pessoas são as únicas responsáveis pelo seu êxito e seu fracasso. Entretanto, tal mito muitas vezes não sinaliza os reais esforços, as perdas e principalmente as diferenças sistêmicas, relacionadas aos papéis que exercemos e que não contribuem para que todas as pessoas possam criar, da mesma maneira, a realidade à sua volta. Isso adoece.

Os discursos meritocráticos são endossados por grande parte da produção cultural e por alguns "coaches" e "gurus" – os mesmos que dizem "Basta se esforçar", "Decida e sua vida mudará" e "Você pode tudo". "Ame o seu trabalho" – dizem sem colaborar muito para que isso aconteça. Querem nos fazer acreditar que o sistema capitalista é legal e que todas as pessoas têm chances (de serem) iguais; que com o seu trabalho você consegue crescer, ganhar notoriedade, enriquecer. Quando isso não funciona (e geralmente não funciona), achamos mesmo que a culpa é nossa.

Esse pensamento está tão enraizado na nossa subjetividade que muitas pessoas – mesmo pobres, exploradas, sem meios de produção – são capazes de (agradecer) defender quem enriquece às suas custas. É comum ver brigas na internet entre pessoas que estão atacando ou defendendo milionários, e geralmente quem critica recebe esta resposta: "É inveja". Com ataques frequentes ao pensamento crítico, a produção cultural vê aí oportunidades de reforçar o pensamento narcísico/unilateral.

Dentro do ambiente do trabalho, muitas mensagens nos levam a normalizar relações abusivas ou nos afastam do que realmente precisa ser pauta. Nas previsões sobre o futuro do trabalho, o que prevalece são temas que reinserem a lógica de produtividade infinita, sugestões de como ser o profissional que o mercado deseja e indicações de quais são as profissões e habilidades para ter sucesso e tudo mais. Durante a pandemia, vimos muito isso com as dicas de "como não perder o foco" e "como trabalhar de casa", embora o problema nem sempre seja a mesa ou a cadeira que vamos usar.

Quem nos alerta também sobre o perigo dessas narrativas é o perfil @climaperestroika: "Sem julgamento moral aqui, afinal, a gente precisa de muitas dessas dicas para continuar, mas quais outros aspectos são essenciais se queremos uma ruptura quando pensamos em trabalho e futuro?". Pois é. "Não é sobre coitadismos ou passividade, mas sim reconhecer que existem estruturas de poder que operam para que a gente trabalhe até exaustão sem a devida remuneração, e ainda nos faz sentir culpa quando estamos descontentes."

Por isso não estamos debatendo a precarização do trabalho, a perda de direitos e o sofrimento psíquico; tampouco a democratização do acesso a tecnologias ou como algumas tecnologias podem aumentar ainda mais a desigualdade para as pessoas que não têm acesso. Não falamos das novas formas de manipulação psicológica em organizações, do salário emocional, da colonização do tempo, da economia do cuidado, da ausência de limites e, principalmente, das novas formas de mobilização coletiva. Ou o RH já chamou você para tratar de alguns desses assuntos?

GIRLBOSS. Sophia Amoruso já foi chamada de Cinderela da tecnologia. De forma despretensiosa, fundou o maior e-commerce de roupas e acessórios do mundo, o

Nasty Gal. Foi considerada pela Forbes uma das mulheres mais jovens a fazer fortuna por conta própria. Tem uma história inspiradora de acordo com livros e uma série biográfica numa plataforma de streaming. Empoderamento e feminismo são seus lemas. Ela ama o que faz. /Corta./ Na vida real, sua história é bastante peculiar e polêmica, mas não é isso que querem que a gente perceba.

Reza a lenda que a moça teve uma adolescência conturbada, alimentou-se de restos de comida que encontrava no lixo e realizou pequenos furtos (chegando até a ser detida por um deles). Até que um dia abriu uma loja no eBay com peças vintages que garimpava na internet e em brechós locais – sendo a primeira peça que vendeu um fruto de seus roubos –, e sua vida começou a mudar. "É sobre isso, e tá tudo bem."

A ascensão meteórica da "garota que não encontrava seu caminho" era algo inimaginável. A empresa cresceu e chegou a empregar mais de 300 pessoas, além de abrir duas lojas físicas no metro quadrado mais caro de Los Angeles. Mesmo entrando em processo de falência no fim de 2016, a marca continuou valendo milhões de dólares. São números dignos de um verdadeiro império que, apesar de ser fruto de muito suor e trabalho de muita gente, desenrolou-se de uma forma com que talvez nem a própria Sophia sonhasse que aconteceria.

Sophia faz questão de dizer que seu passado a trouxe até aqui. "Não me orgulho do que fiz, mas foi importante para a minha formação. Quebrei um monte de regras, mas também cresci e transformei tudo isso em experiências positivas", disse em seu livro. A moça tem seus furtos justificados e romantizados (assim como "universitários" que traficam drogas e "estudantes" que cometem assaltos ou traficam animais exóticos – todos brancos e assim noticiados pela mídia).

Muitas outras pessoas não têm uma segunda chance para transformar seu passado em experiências positivas. O livro *#Girlboss* deixa claro o quanto a sociedade trata as narrativas de forma diferente, de acordo com quem se decide apoiar. A série veio depois, estreou mais ou menos no mesmo período em que Sophia e seu império caíram, soterrados em dívidas, processos e denúncias trabalhistas. Enquanto empreendia uma história de sucesso, gerou empregos (o que não é nada de excepcional) e colocou em ação muitas das piores práticas do mercado.

O BuzzFeed fez uma matéria denunciando a hipocrisia da girlboss. "Amoruso nunca pôs em prática o feminismo empoderador que prega. Um processo de 2015 afirma que três funcionárias foram demitidas logo antes ou durante sua licença-maternidade: 'A Nasty Gal demonstrou ser um lugar horrível de trabalho para profissionais que ficam grávidas', diz o processo. Mais ou menos na mesma época, outras funcionárias descreveram Amoruso como mesquinha e vingativa, cercada por uma equipe de mulheres que 'só dizem sim', sempre em detrimento do restante da empresa."

Jia Tolentino conta os bastidores em *Falso espelho*, de onde peguei essas informações. Modificar a história e transformá-la em uma comédia leve para TV soa quase irresponsável. E é. É também o que mais vemos na televisão: minimizar os erros da "pessoa real" e criar uma imagem inspiradora, quando interessa ao mercado. É dessa forma que muitas pessoas vão se alienando, perdendo o senso crítico, admirando personagens fakes. E quando algo dá ruim e essas pessoas são denunciadas, a resposta geralmente é "não foi por mal", só estavam tentando ser alguém.

Certamente não podemos generalizar. Nem todas as pessoas são truqueiras. Nem todos os trabalhos são uma cilada. Porém, depois que muitas dessas histórias vieram à tona, vi crescer um movimento de descrença no trabalho como algo que possa ser positivo. E isso vale até para o empreendedorismo – que durante um tempo foi vendido como uma alternativa para "trabalhadores que quisessem se libertar" (até verem que não era nada disso).

Em 2016 escrevi um livro que falava sobre propósito. Apesar de ter mudado bastante o meu olhar (devido a experiências próprias), ainda acredito que seja possível ter um propósito – no trabalho ou na vida. Mas, como muitas coisas, o conceito de propósito foi romantizado e depois cooptado por parte do mercado para manter as mesmas estratégias de opressão, agora com uma roupagem novaerista.

"São poucas as pessoas que chegam na equação de ter um trabalho que faça sentido, não estarem exaustas e conseguir ter uma renda mínima. Existem diversas realidades atravessadas pelo nosso gênero, pela nossa classe social e pela nossa raça que determinam lugares que ocupamos e limitações que independem do nosso esforço e determinação", como diz @climaperestroika. Isso é verdade, precisamos aceitar. Porém a ideia de passar a maior parte do tempo fazendo algo considerado uma tortura continua sendo inconcebível para mim.

Após atuar em empresas e atividades que não me realizavam completamente (mas que eram ótimos para pagar minhas contas), tive algumas experiências empreendendo e outras trabalhando como profissional liberal, nas quais o meu nome era a minha empresa. Então entendi que poderia ter uma relação não monogâmica com o trabalho, compondo os que me dessem dinheiro com outros que me trouxessem prazer.

Com o tempo isso foi ficando insustentável também. Fui percebendo a importância de valorizar mais o caminho do que o ponto de chegada. Adoeci e precisei ouvir meu corpo, entender meus limites. Fui aprendendo a rever minhas metas e meus desejos. Compreendi que diversas mudanças individuais encontravam barreira no senso coletivo (e vice-versa). Aprendi que realizar um trabalho com propósito, que cumpre um papel no mundo, nem sempre é agradável ou fácil. Exercer nossos dons e vocações demanda envolvimento, estudo e dedicação, mas é preciso ter equilíbrio.

A máxima de que "dinheiro não traz felicidade" não pode ser aplicada a todas as pessoas. Há quem com o mínimo possa ter a vida melhorada, e isso pode causar muitos impactos positivos: no humor, na saúde, nas relações... Mas talvez depositar toda a expectativa de realização no dinheiro, na acumulação "além da conta", possa fazer contrário – piorando o humor, a saúde, as relações... A vida não pode ser só metas, sucesso e produtividade.

"Todas as pessoas estão sendo moídas em algum nível por essa máquina, desde o trabalhador de base até diretores de grandes corporações. Claro que as possibilidades de escolha de cada um, bem como as consequências, são bem diferentes, mas o sofrimento está lá de qualquer forma. É para esse metabolismo que precisamos olhar. Se a gente continuar entendendo nossas angústias no trabalho como fatos puramente individuais que serão resolvidos com terapia e listas de boas práticas, pouco avançaremos para transformar esse cenário", escreve @climaperestroika.

É isso. Todas as pessoas deveriam ter o direito de fazer o que amam (e não só profissionalmente). Algumas conseguem e são bem felizes, porém existe uma massa de pessoas que são exploradas e têm seus corpos e subjetividades usados para fazer a roda girar. Isso desestabiliza tudo, principalmente as relações – com a gente, com as outras pessoas e os demais seres – e os modos de viver em sociedade – afetando áreas como saúde, educação e segurança. Então, de algum jeito, volta. Não é sustentável. A saída não é somente individual.

"Ao perceber o sofrimento e a desilusão como uma questão coletiva, abrimos possibilidades para buscarmos soluções que sejam sistêmicas, nos organizando em torno de pautas comuns ou se aliando e apoiando quem está pensando em outras relações de trabalho. Olhar de forma crítica pode nos ajudar a chegar em novos lugares, sabendo que esse debate não é construído da noite para o dia, mas que demanda muito tempo e muito estudo", completa @climaperestroika.

É isso (2). Não existe solução fácil e imediata para um problema complexo e estrutural. Também não existem soluções fáceis e rápidas para conseguir autonomia e liberdade. Alguém sempre paga a conta. Reparar no nosso entorno e procurar viver de forma mais consciente, não desistindo, mas sim politizando as coisas que amamos, para então pensarmos em como transformá-las, pode ser o início de uma relação, pelo menos, mais saudável. O que já pode ser um bom começo.

APROFUNDAMENTO

PARA OUVIR

- *Podcast Primeiro café #103*

Neste episódio, Daniel Munduruku, escritor indígena premiado no Brasil e no exterior, é entrevistado e fala sobre as diferenças entre a cosmovisão de povos indígenas e a cultura ocidental. Também aborda o quanto a visão de mundo que herdamos direciona nossa vida na Terra.

- *Podcast Vibes em análise*

O episódio "Sentidos do trabalho" parte de um estudo feito pela dupla de pesquisadores e psicanalistas André Alves e Lucas Liedke, que comandam o podcast, sobre "corres", exaustão, processos, automação e novos modelos de trabalho.

- *Podcast De carona na carreira #38*

No episódio "Como salvar o futuro", fui recebido por Thais Roque para conversar sobre trabalho, carreira e propósito e sobre como as nossas ações moldam não somente o futuro como também o presente à nossa volta.

PARA LER

■ *Memórias da plantação: episódios de racismo cotidiano*

Neste livro, Grada Kilomba desmonta de modo incisivo a normalidade do racismo, expondo a violência e o trauma diários. Obra interdisciplinar que combina teoria pós-colonial, estudos da branquitude, estudos de gênero, feminismo negro e psicanálise, com narrativa poética. É uma reflexão essencial e inovadora para as práticas descoloniais.

■ *O caminho do artista*

O livro de Julia Cameron nos faz refletir sobre criação e processo criativo. Apesar de ser bem voltado para pessoas que queiram escrever, pode ser lido por pessoas de diversas áreas que queiram se conectar com a sua potência interior e romper bloqueios. Reúne uma série de exercícios, reflexões e ferramentas para despertar a criatividade e recuperar a autoconfiança.

■ *A revolução dos bichos*

Uma fazenda é tomada por seus animais maltratados e sobrecarregados. Cheios de idealismo, eles se propõem a criar um paraíso de progresso, justiça e igualdade, administrando o local por conta própria. O palco está montado com uma ficção crítica, escrita por George Orwell, que retrata como os ideais socialistas podem ser corrompidos.

GOOD VIBES ONLY

"Oi, tudo bem?", "Tudo bem, e com você?", "Tudo bem!" – você já deve ter ouvido ou falado isso alguma vez. Ou talvez todas as vezes. Isso porque, desde cedo, nos habituamos a pensar e falar que "está tudo bem"; a não compartilhar aquilo que realmente sentimos; a não acolher sentimentos que não são aceitos socialmente – raiva, tristeza, inveja, ansiedade, descontentamento...

Só que esse tipo de comportamento pode nos trazer uma série de problemas: atrapalhar o nosso autoconhecimento, a expansão de consciência, as relações interpessoais, as demais áreas da nossa vida e até a salvação do futuro.

Embora seja algo aparentemente simples – uma resposta ingênua ou automática –, isso é apenas a superfície de uma série de camadas que nos acompanham e que alimentam um ciclo vicioso no qual parece ser preciso estar sempre "positivo e operante", apesar de tudo.

Positividade tóxica é como algumas pessoas chamam esse ciclo. Ainda que sejam duas palavras opostas, elas funcionam também de forma combinada. Ou melhor, não funcionam quando estão combinadas. O lado positivo é que temos recebido cada vez mais notícias sobre os perigos dessa "positividade toda". Na contramão, há quem não concorde com o termo (!) e ache impossível algo "positivo" poder também ser ruim – o que denuncia a própria positividade tóxica. ☺

Se já fui cancelado nas redes sociais, certamente foi por ter falado sobre os dois lados da positividade. Fui uma das primeiras pessoas a escrever matérias sobre o tema, e, não importa a mídia, a polêmica é certa. "Por sorte", tenho aprendido bastante com o ponto de vista de outras pessoas também, e minha intenção aqui é organizar ideias para que possamos pensar de forma mais crítica. Vou começar então explicando alguns conceitos.

Positividade tóxica é agirmos sem reconhecer ou aceitar (em nós ou nas outras pessoas) ações, emoções ou movimentos "negativos" (que existem, independentemente do que é positivo), impondo uma atitude forçada, alienada ou falsamente positiva. Algumas pessoas a chamam também de positivismo extremo, mas eu não uso esse termo justamente para não confundir. A crítica não impede ou vai contra (necessariamente) o conceito de "pensar positivo" (mais adiante vou explicar a diferença), e essa é geralmente a queixa das pessoas descontentes com o tema.

Não tem a ver necessariamente com o que você pensa. É uma forma de agir e de se colocar no mundo. É uma atitude muitas vezes falsa, alienada ou superficial, fruto de um modo de viver que nos leva a funcionar no piloto automático, a não nos ouvirmos, a não ouvirmos as outras pessoas, a não ter empatia nem a nos colocarmos em outro lugar – e às vezes não nos colocarmos no nosso próprio lugar.

Se já aconteceu de você contar algo de ruim, negativo ou preocupante que tenha acontecido na sua vida, ter ouvido em troca "Mas veja pelo lado positivo", "Pelo menos..." ou até "Vamos pensar positivo" e não sentir que a pessoa te ouviu ou acolheu de fato, como se ela simplesmente tivesse lançado mão de uma frase pronta, é bem provável que você tenha sido vítima da positividade tóxica.

Muitas vezes a intenção – podendo ser da melhor qualidade possível – da outra pessoa (ou a nossa) é silenciar algum sentimento indesejável. Mas isso pode ser ruim. Para a terapeuta e psicóloga britânica Sally Baker, "é desonesto em relação a quem somos permitir-nos apenas expressões positivas. Negar constantemente tudo de negativo que sentimos em situações difíceis é exaustivo e não nos permite construir resiliência".

Além disso, até porque o próprio conceito de resiliência pode ser uma positividade tóxica, essa forma de estar no mundo nos isola de nós mesmos, de nossas verdadeiras emoções. Ao nos escondermos atrás da positividade forçada, muitas vezes deixamos de acessar áreas importantes dentro de nós – e das outras pessoas – que podem de fato trazer crescimento, estimular a consciência pela necessidade de buscar ajuda e principalmente promover mudanças.

O verdadeiro autoconhecimento nos mostra que não existe um "puro Eu". É uma ilusão. Não existe. Eu – há um milhão, como há um milhão de você. Dentro de nós vivem muitas polaridades, contradições e sentimentos de que não nos orgulhamos ou que não gostaríamos de ter. O autoconhecimento não é algo romântico. É o acesso a tudo o que vive em nós e no mundo. É uma travessia dolorosa na qual a gente deve se expor a um perigo. Para cada pessoa, um perigo. Não há autoconhecimento sem acidente. Sem ferida. Sem sombra. Sem isso tudo, não há autoconhecimento.

Para investigar como as pessoas estão lidando com o tema, perguntei certa vez no meu Instagram qual era a frase tóxica que as pessoas não aguentavam mais ouvir. As respostas não me surpreenderam: "GOOD VIBES ONLY. Ou a pessoa finge ou é alienada. Only? Gente, não dá, a gente mora no Brasil! Tá todo mundo aos pedaços, se não está por si, deveria estar pelo próximo, pela situação". Sim. "Gratidão já esvaziou o sentido de tanto que foi usada."

"Calma, é só trabalho. Ninguém vai morrer – Óbvio q ninguém vai morrer mas vão me pressionar, questionar e subjugar, justamente por ser o meu trabalho e ninguém vai ligar se estou sobrecarregada ou não." "Mas vc tem que ver o lado bom das coisas – manoo eu só tava a fim de ficar triste na minha, me deixa carambaaa... parafraseando o povo gratiluz: para de invalidar meu sofrimento."

"Entrego, confio, aceito e agradeço depois de surtar, surtar, surtar e Comer chocolates, café e...", "Me sinto mal quando eu só quero desabafar e a pessoa fica me dizendo que tenho que ser grata...", "Mas depressão por quê?! Você tem tudo que precisa!", "Seja resiliente – romantização da produtividade, assim o ser humano não questiona nada e segue produzindo. Só finge que tá tudo bem e segue". Bem, sigamos.

Mais uma vez eu digo que o problema nem sempre são as frases. São as atitudes. Não sei se você percebeu, mas fiz questão de usar como título de cada capítulo deste livro uma frase que cansamos de ouvir por aí e que muitas vezes não significam o que pretendem na prática (se não está lendo o livro na ordem do índice, depois pense por que uma frase chamou você mais que outra). E pior: a repetição em série dessas frases pode nos alienar do que precisa ser tratado em relação ao tema.

Muitas dessas frases, quando ditas na intenção real de <u>libertar</u>, confortar, acolher e dar esperança a quem está num momento ruim ou passando por algo difícil, podem não ter problema algum. O lado negativo é o uso delas com a intenção de manipular, influenciar ou calar o nosso direito ou o de outra pessoa de ter um momento para chorar, questionar, criticar, reclamar, desesperar-se e, principalmente, conectar-se com um sentimento verdadeiro.

Como alguém mencionou nos comentários, muitas vezes essas repetições são um "sintoma da superficialidade da sociedade dos 140 caracteres: tenha seus problemas resolvidos/escondidos em uma frase, que caiba em um meme de preferência". Não é?! Mas, de todas as frases depositadas ali na minha fogueira virtual, uma me chamou bastante. Se prestarmos a devida atenção, ela pode traduzir muito do que estou querendo dizer aqui: "Eu que tenho filha com paralisia cerebral escuto o tempo todo que Deus me escolheu por eu ser guerreira. Que chatice essa frase: 'Você é guerreira!'".

Vejamos agora como a positividade tóxica pode nos atrapalhar em diversas áreas da nossa vida:

<u>EMOÇÕES</u>. Para a psicóloga Sally Baker, "o problema com a positividade tóxica é que ela pode representar a negação de todos os aspectos emocionais que sentimos diante de qualquer situação que nos represente um desafio." Com isso ela pode se tornar uma fonte de alienação do

sentir. Ao tentar anular processos emocionais complexos – e inerentes ao ser humano – como dor, raiva, mágoa e frustração, por serem considerados moralmente negativos, nós nos desconectamos de quem somos ou, na tentativa de não sofrer, podemos acabar sofrendo ainda mais.

RESOLUÇÕES. Olhar pelo lado positivo as diferentes situações da nossa vida pode ser muito legal e até construtivo, mas há um risco em olhar apenas para esse lado. Ele não deve negligenciar ou ser maior do que nossas próprias emoções ou até mesmo do que os problemas estruturais da nossa sociedade, nos levando a crer que somente o olhar (ou o pensamento) positivo irá resolver ou superar qualquer problema. Criar uma realidade mágica onde tudo é lindo e não encarar os problemas de frente reduzem bastante as chances de superá-los.

RELAÇÕES. Nas relações interpessoais é preciso que haja espaço para manifestar descontentamento, insatisfação, tristeza… Somente assim será possível construir uma relação inteira entre as partes. A transparência é fundamental, e para que haja transparência é preciso se abrir de modo a reconhecer todas as emoções em torno da relação. Além da falta de inteireza, não reconhecer problemas nas relações ou focar somente os aspectos positivos pode, algumas vezes, "justificar" relações abusivas e uma série de violências (às vezes nem tão óbvias).

TRABALHO. Nesse âmbito pode ser extremamente prejudicial, com o potencial de minimizar problemas de assédio moral, abusos e até práticas que não estão em conformidade com a lei. "Pelo menos você tem um emprego." Por mais que seja boa a intenção de motivar, ela não pode desconsiderar emoções ou fatos verdadeiros e legítimos de quem se queixa. O contrário pode colocar em risco e até prejudicar a saúde física e mental de alguém. Há também o perigo de romantizar a precariedade e a necessidade de sobrevivência com discursos de meritocracia e empreendedorismo.

OPRESSÃO. Há um risco também de pensarmos que nossos problemas são frutos do pensamento negativo, das "crenças limitantes" ou das "escolhas". Tais generalizações podem, muitas vezes, nos fazer perder a autonomia e impedir a percepção verdadeira de tempos e movimentos importantes para a nossa vida. O extremo – o discurso de que somente "a força do pensamento positivo constrói a nossa realidade" – pode ser extremamente opressor para pessoas que vivem realidades mais duras como consequência de papéis de classe, raça e gênero, nas quais somente suas crenças não são capazes de promover reparações históricas.

ILUSÃO. As redes sociais nos estimulam a comparar nossas vidas com as "vidas perfeitas" das outras pessoas. Sem nos darmos conta de que na vida de todas as pessoas (nas relações principalmente) há sempre momentos desafiadores, que muitas vezes não ficam registrados nas fotos, podemos (criar expectativas) idealizar o mundo a partir de uma ilusão. "Se houvesse mais honestidade sobre as vulnerabilidades, nos sentiríamos mais livres para experimentar todos os tipos de emoções", disse Teresa Gutiérrez, psicopedagoga e especialista em neuropsicologia, em uma matéria da BBC.

MOBILIZAÇÃO. Sempre focar apenas o lado positivo pode contribuir para que mudanças estruturais importantes não sejam feitas. Vivemos um momento no qual querer "ficar bem" é quase mandatório e não temos como negar essa vontade. O problema é se concentrar no bem de somente uma pessoa ou pensar que "se está bom para alguém, está bom para geral". Esse pensamento pode nos impedir de ver e melhorar diferentes realidades. Liberdade, felicidade, prosperidade, bem-estar e saúde mental precisam ser vistos como atributos coletivos e não individuais.

Pensar de forma positiva pode ser legal. Como eu disse no início, esse não é o problema (talvez agora esteja mais claro quais são os problemas). A psicologia positiva, popularizada pelo psicólogo e escritor do livro *The optimistic child*, Martin Seligman, tem sido empregada para auxiliar no tratamento de diferentes problemas, situações e patologias. Ela nos diz que podemos lutar contra o pessimismo e tornar nossos pensamentos negativos mais positivos – e que isso pode nos fazer bem. Sim.

Para o autor, o "pessimista" não nasce assim; esse é um sentimento criado pelas circunstâncias da vida. Então ele nos estimula a lutar contra esse pessimismo e transformar nossos pensamentos negativos em positivos. No entanto, Seligman também diz que, se você se sente triste, não deve se concentrar em ser feliz. Ao fazer isso, você poderá cair na armadilha da positividade tóxica. É preciso acolher e trabalhar as emoções negativas – reconhecê-las, aceitá-las e principalmente buscar a causa de tais sentimentos.

"O conceito de psicologia positiva ficou distorcido ao longo do tempo." Muitas vezes é usado para oprimir e gerar conformismo. "Focar nos aspectos positivos das diferentes situações pode ser terapêutico e construtivo. O problema é que levado ao extremo pode gerar uma baixa capacidade de enfrentar situações negativas. A psicologia positiva aplicada corretamente pode ser útil, mas usada indiscriminadamente gera uma visão muito parcial da realidade e um sentimento de desamparo. Negar situações dolorosas e prejudiciais na vida é como ver a realidade com um só olho", disse à BBC o psicólogo Antonio Rodellar, especialista em transtornos de ansiedade.

Viu só? Não pense que sou somente negativo. Eu concordo. Reconheço que é importante, faz bem para a saúde e pode nos motivar a enfrentar os desafios do nosso dia a dia. Não quero desanimar você nisso. Mas às vezes o pensamento positivo, sozinho, não vai mudar a sua vida, muito menos libertar o presente.

É preciso também pensar na construção de realidades através de ações e não somente da "força do pensamento"; ter uma positividade ativa e assumir que existem questões estruturais à nossa volta, como pobreza, racismo, machismo, homofobia e transfobia, que impactam de forma importante a vida de muitas pessoas.

Enquanto estou finalizando este livro, nós nos deparamos com mais uma grande tragédia em Petrópolis (RJ) – desabamentos de terra causados pelas fortes chuvas. Nas redes sociais, pedidos: "vamos pensar positivo para não chover mais". Aqui fica o alerta: culpar somente o clima é positividade tóxica.

O que aconteceu é resultado das crises que estamos vivemos (não só a climática), e pensar que a culpa é do clima não nos leva a resolver problemas de moradia, racismo ambiental, infraestrutura, saneamento básico, gestão de verbas públicas (não à toa, não é a primeira vez que isso acontece). Foi bonito de ver a mobilização coletiva para ajudar, mas não é o suficiente. "Se não chover entre hoje e amanhã, a vida já vai estar voltando ao normal." Reflita.

Tudo bem olhar para o lado cheio do copo, desde que você também seja capaz de reconhecer que vez ou outra ele pode estar vazio e que, para algumas pessoas, às vezes não há nem copo. Fique de olho nas suas emoções. E nas das outras pessoas. Alerta. Cuidado para não negar o que realmente pode estar acontecendo. Emoções são informações.

Para colocar em prática, experimente trocar o "Não pense nisso" por "Me diga como se sente, eu te escuto". Em vez de "Olhe pelo lado positivo", diga "Sinto muito que esteja passando por isso, vamos pensar em como resolver".

Acima de tudo, que o "Vai dar certo" vire um "Pode contar comigo". Penso que você também vai gostar de ouvir.

VAI DAR TUDO CERTO. Será? "Perigosas", "assustadoras", "fora de controle" – essas são algumas palavras ditas por pessoas para completar esta sentença: "Quando penso sobre a condição do nosso mundo, acho que as coisas estão ficando..." A experiência, fruto de um trabalho em grupo facilitado por Joanna Macy e Chris Johnstone, abre o livro intitulado *Esperança ativa*.

"Nas últimas décadas, fizemos esse processo com dezenas de milhares de pessoas em uma ampla série de contextos. Nas respostas que ouvimos, sempre ecoavam descobertas e pesquisas que mostram altos níveis de inquietação quanto ao futuro para o qual nos dirigimos", diz Joanna Macy, que é doutora em Ecofilosofia, estudiosa da teoria geral de sistemas e de ecologia profunda e autora de diversos livros.

A ansiedade generalizada tem fundamento. "Nosso mundo aquece, os desertos se expandem e eventos climáticos extremos se tornaram comuns. A população e o consumo estão aumentando, ao mesmo tempo que recursos naturais essenciais – como água doce, estoques pesqueiros, solo arável e reservas de petróleo estão em declínio. Enquanto muitas pessoas têm se desesperado sobre como lidar com reviravoltas na economia, trilhões de dólares são gastos em guerras", diz.

Mesmo assim, normalmente se considera deprimente demais falar sobre o assunto. Se for para relacionar com questões climáticas e sociais então... Ecochato. Bicho-grilo. Militante. A tendência é esses sentimentos se manterem quietos no fundo de nossas mentes ou restritos a grupos ridicularizados e minorizados. Algumas (outras) pessoas estão cientes também do que está acontecendo, mas preferem não mencionar ou não têm com quem trocar ideias.

Não falar sobre o que está acontecendo no mundo gera um risco ainda mais mortal. Está acabando com a vida na Terra. "Não diga isso, é muito deprimente", "Não se concentre no negativo". Mas, como Joanna Macy alerta, "o problema com essa abordagem é que ela fecha conversas e o nosso pensamento". Sim, e Chris Johnstone complementa: "Como podemos enfrentar o caos em que estamos se consideramos deprimente demais pensar nele?".

Quando deixamos chegarem a nós as terríveis notícias das diversas tragédias que acontecem em nosso mundo, a dor pode ser insuportável. Podemos nos questionar se é possível fazer algo sobre isso e sentir muita tristeza, frustração e até desespero. Eu não vou negar que para mim também é exaustivo. Às vezes também quero me desconectar. O sentimento já tem até nome: ecoansiedade.

Procuro então me conectar com pessoas que sentem o mesmo que eu ou que possam me apoiar em soluções – a rede de apoio. Ou com pessoas com outros pontos de vista que possam me acrescentar algo e apresentar perspectivas e movimentos diferentes. Busco livros, filmes e séries que possam trazer conhecimento, conforto e inspiração. Então respiro fundo e lembro-me destas palavras de Joanna Macy:

"Reconhecer que nossos tempos nos confrontam com realidades dolorosas, difíceis de assimilar e confusas de lidar é o único ponto de partida possível para promover qualquer tipo de transformação. Seja qual for a situação, podemos escolher nossa resposta. Quando enfrentamos desafios avassaladores, provavelmente podemos sentir que nossas ações não servem para muita coisa. No entanto, o tipo de reações que temos e o quanto acreditamos que elas fazem diferença é moldado pelo modo como pensamos e nos sentimos sobre a esperança."

Então chegamos na esperança. Joanna nos lembra de que a palavra tem dois significados diferentes. "O primeiro envolve ter confiança, quando nosso resultado preferido parece razoavelmente provável de acontecer. Se precisamos desse tipo de esperança antes de nos comprometermos com uma ação, nossa reação fica estagnada em áreas onde não avaliamos que nossas chances são tidas como altas" – encontrei no livro *Esperança ativa*.

"O segundo significado é sobre o desejo. Quando perguntamos a alguém o que gostaria que acontecesse no mundo, sem hesitar, a pessoa descreveria o futuro que espera, o tipo do mundo pelo qual anseia." De um jeito ou de outro, é o que fazemos com a nossa esperança que faz a diferença. A esperança passiva aguarda agentes externos fazerem o que desejamos. Já a esperança ativa nos torna participantes, atuantes e promotores do que almejamos.

"A esperança ativa é uma prática. Como tai chi ou a jardinagem. É algo que fazemos em vez de algo que temos. É um processo que podemos aplicar a qualquer situação e envolve três etapas iniciais. Primeiro, buscamos uma visão clara da realidade. Segundo, identificamos o que esperamos em termos de qual rumo gostaríamos que as coisas tomassem. E terceiro, damos passos para nos movermos ou movermos a situação para essa direção", escreve Joanna.

É algo similar ao que diz Paulo Freire, o qual acredita que a esperança é verbo. "É preciso ter esperança, mas ter esperança do verbo esperançar; porque tem gente que tem esperança do verbo esperar. E esperança do verbo esperar não é esperança, é espera. Esperançar é se levantar, esperançar é ir atrás, esperançar é construir, esperançar é não desistir."

Há algo comum na fala de Joanna Macy e na de Paulo Freire e que muito me interessa: juntar-se com mais gente para ser e fazer de um outro modo. Quando a esperança é guiada pela intenção de agir pela cura do mundo, é possível que se tornem mais significativas e satisfatórias não só as nossas vidas como também as das pessoas que estão à nossa volta.

Como a esperança ativa não exige nosso otimismo, podemos aplicá-la mesmo em áreas em que não estão positivas. O ímpeto orientador é a intenção. Nós escolhemos o que pretendemos provocar, fazer ou expressar. Em vez de mensurar nossas chances e prosseguir apenas quando sentimos esperança, nós nos concentramos em nossa intenção e deixamos que ela seja nosso guia.

"Quando tomamos conhecimento de alguma emergência e nos mostramos à altura dos acontecimentos, algo poderoso é ativado dentro de nós. Ativamos nosso senso de propósito e descobrimos forças que nem sempre sabíamos que tínhamos. Ser capaz de fazer diferença é poderosamente revigorante: faz nossas vidas parecerem mais valiosas." Portanto, quando praticamos a esperança ativa não apenas doamos mas também recebemos, de muitas formas. Obrigado, Joanna Macy.

APROFUNDAMENTO

PARA LER
- *Sociedade do cansaço*

Os efeitos colaterais do discurso motivacional crescem junto com o mercado de palestras e de livros do gênero. Vivemos uma era na qual a ideologia da positividade opera uma inversão perversa: a onda do "eu consigo" tem gerado um aumento significativo de síndromes e doenças mentais, como hiperatividade e burnout. Para Byung-Chul Han, a raiz disso é o excesso de positividade.

- *Sociedade paliativa: a dor hoje*

"A sociedade paliativa é a sociedade do curtir. Ela domina não só as mídias sociais, mas todas as esferas da cultura. Nada deve provocar dor. Não apenas a arte, mas também a própria vida tem que ser instagramável. Falta, à cultura da curtição, a possibilidade da catarse." Outro clássico de Byung-Chul Han.

- *Esperança ativa*

O livro oferece ferramentas para encararmos as dores que vemos no mundo e nos colocarmos em ação à serviço da vida, mantendo o equilíbrio. Joanna Macy e Chris Johnstone propõem uma jornada para encontrarmos e oferecermos nossa contribuição única para a grande transformação planetária e para nos abrirmos a uma rede de pessoas aliadas.

PARA ASSISTIR

■ *The white lotus*

A série aborda de forma bem inteligente um resumo das pautas e dos estereótipos dos nossos tempos. Entre os capítulos vemos o retrato da branquitude, da desigualdade social, do racismo, da herança do colonialismo e da hipocrisia do politicamente correto. "A moral da história está no primeiro minuto da abertura brilhante: não dá para ser feliz", disse uma matéria da Exame. "As cenas do paraíso pintadas num papel de parede logo se transformam – as frutas apodrecem, as folhas são comidas por lagartas e a cobra está presente."

■ *I may destroy you*

A série de autoficção criada, roteirizada e protagonizada por Michaela Coel baseia-se em um fato que aconteceu com a autora/atriz e traz diversas reflexões além do que se vê na tela: os limites do abuso, a cultura do estupro, o machismo, a performance em redes sociais, os relacionamentos tóxicos... Apesar de falar sobre tantos temas, não se perde no que parece ser o foco principal: reconhecer qual o melhor jeito de ajudar uma pessoa que sofreu ou está sofrendo algum tipo de abuso.

LIBERTE SEU CORPO

Antes de começarmos este capítulo, faz um teste rápido aí. Pensa numa pessoa linda. Isso, que represente o seu ideal de beleza. Imagine esse rosto. Como é a boca ao sorrir? O nariz perfeito e esculpido, o olho marcante. Até a orelha é bonita. Sinta o cabelo entre seus dedos e o toque na pele. O corpo perfeito. Ah, ok, para não ficar só na aparência, pensa na cultura, na educação que essa pessoa tem. Quem vem à sua mente? Pensa mesmo, vai. Como é essa pessoa?

Tomara que você não tenha pensado em uma pessoa alta, magra, branca, com cabelo liso e nariz fino... Nada em especial contra elas, mas é que é assim que nos treinaram a reconhecer a beleza (e até a bondade). Ao longo da história foi como a produção cultural e a mídia representaram as pessoas com mais destaque, as "lindas" e boas, aquelas que são "para casar". O impacto disso no que acabamos reconhecendo como belo e desejável é imenso.

A beleza foi por um longo tempo relevante na medida em que expressava moral e caráter – historicamente tentaram nos passar essa ideia ao relacioná-la (ou não) a "mocinhos e bandidos", mesmo que "intuitivamente". Era o mesmo que se buscava fazer com as pessoas na sociedade. Isso contribuiu para a idealização do que é socialmente aceito e desejado, para a construção do nosso imaginário de beleza e para a visão que temos sobre muitas pessoas.

Até hoje essa ideia é repetidamente reforçada em várias imagens que consumimos. Pense nos filmes, nas novelas, nas propagandas que marcaram sua época. Enquanto as pessoas boas são "lindas", vilões são pessoas de outras cores, etnias, geralmente mais velhas, às vezes sem gênero definido ou trans, com alguma deficiência e quase sempre "feias" ou grotescas.

Vou relembrar: a Bruxa de *Branca de Neve*, a Úrsula de *A pequena sereia*, o Capitão Gancho de *Peter Pan*, o Thanos de *Vingadores: Guerra Infinita*, o Rei das Sombras da série *Legion*, o Caveira Vermelha de *Capitão América*, o Jaws de *007 – O espião que me amava*. Se você der um Google em "vilões", as listas são intermináveis.

Fazendo um recorte de cor e raça, é fácil lembrar de (personagens) pessoas negras figurando com frequência em cenas de crime, em arcos narrativos decadentes ou envolvidas com drogas, assuntos considerados barra pesada. Quando a gente pensa na produção cultural de ficção científica, é vergonhoso: geralmente não há pessoas negras – como se elas simplesmente não fossem existir no futuro.

Aprendemos sobre padrões e diferenças desde cedo. Além da produção cultural, indústrias importantes para a construção do imaginário coletivo – como a da moda e a da beleza – geralmente relacionam a boa aparência ao corpo consumível, sexualizado e "perfeito". O documentário *Abercrombie & Fitch: Ascensão e queda* mostra o exemplo de uma marca que se criou a partir da exclusão de corpos que não correspondiam ao padrão heteronormativo da "beleza branca".

Essa sempre foi uma prática comum no mercado de moda, a qual nunca havia sido assumida, até o principal executivo da A&F dizer, em uma entrevista para o site "Salon.com", que a marca era voltada apenas para "pessoas bonitas" e "jovens estilosos e lindos". O padrão estabelecido nas campanhas e no estereótipo de vendedores e modelos – sempre felizes, saudáveis, praticando esportes, divertindo-se... – ajudou a definir e reforçar o estilo e o gosto de jovens do mundo todo, que faziam filas na porta das lojas.

Os nossos gostos, mesmo os que parecem mais espontâneos, têm o potencial de serem construídos a partir das caracterizações com as quais temos mais contato. A opinião pública, o senso comum muitas vezes são distorcidos; são constantemente uma ficção criada pelas classes dominantes. O que é veiculado com mais frequência acaba definindo o que é o "normal", o "natural" ou o "padrão", e isso pode contribuir para diminuir o valor das "exceções" (geralmente integrantes de grupos "minorizados" – que nem sempre são minoria) ou até mesmo para marginalizá-las.

Além de exceção, "pessoas diferentes" (para um determinado grupo) podem se tornar literalmente um fetiche. Se eu perguntasse sobre uma pessoa quente, com corpo sensual, forte, cheia de curvas marcantes, "da cor do pecado" (se fosse apelar), talvez mais pessoas pensassem em indivíduos negros, por exemplo (isso também depende muito da forma como cada pessoa vê o sexo e, principalmente, as outras pessoas).

E não é só palpite meu. Uma pesquisa divulgada pelo site de conteúdo adulto Pornhub em 2022 aponta como hit nas buscas o termo BBC (que significa "big black cock"). Outra curiosidade: o Brasil é o país que mais consome pornografia trans na internet, e o termo "shemale brazilian" é um dos mais procurados em sites no mundo todo – ao mesmo tempo, o Brasil é o país que mais mata pessoas trans e travestis, segundo dossiê de 2021 da Associação Nacional de Travestis e Transexuais (Antra). Esse fato me leva a pensar que o consumo de pornografia pode ser um retrato mais fiel do "desejo", afinal, é consumido no anonimato.

Nossos relacionamentos também são bastante afetados pela construção do imaginário coletivo. A série *Special* é protagonizada por Ryan, um jovem que, por complicações em seu nascimento, teve uma paralisia cerebral. Além de ser PCD, é gay, e a série apresenta diversas situações nas quais ele é desmerecido e invisibilizado pela sociedade. Em um dos episódios, a série fala sobre fetiche, quando o protagonista conhece um homem que se atrai por ele justamente por Ryan ter uma deficiência.

Certamente para cada pessoa vai funcionar de um jeito. Não é tão simples, afinal, as pessoas são extremamente complexas. Histórias pessoais impactam a construção dos nossos critérios de avaliação e aceitação. A memória afetiva, as interações e as experiências que temos também. Mas, se pararmos para analisar, até mesmo essas memórias e as nossas percepções a todo momento buscam equivalentes no "mundo exterior", nas referências que temos.

De alguma forma, essa realidade tem a ver com o catálogo de significados socialmente aceitos e festejados que recebemos. Eles nos fazem crer que a beleza do corpo está relacionada não somente à atratividade mas também à "perfeição". Esses atributos são importantes para definir o corpo consumível. A atratividade na imagem e a perfeição no discurso – reparou quantas vezes eu usei a palavra "perfeito" ali no início?! (E você já se deu conta de quantas vezes a usa no seu dia a dia!?)

Quando pensamos sobre formas, olhando para trás, vemos que, em algum momento da história, corpos grandes e gordos eram representados como ideais nas artes – mas não era o que hoje chamamos de inclusão. Não temos como desassociá-los dos corpos da elite, das "pessoas de bem", da época. Corpos gordos sinalizavam fartura na mesa, o que queria dizer riqueza, e pessoas nobres eram mais retratadas porque podiam pagar por isso.

Mas o registro não garante que todas as classes e todas as pessoas fossem daquela forma ou que desejassem ou exaltassem aqueles corpos. Era (literalmente) um retrato do que a classe com poder valorizava. Hoje em dia o signo de riqueza se inverteu: é a magreza (principalmente a feminina), indicando tempo e dinheiro para se exercitar e fazer os tratamentos para isso.

Cada grupo tem os seus ideais, mesmo que não sejam registrados. O padrão muda, e as pessoas são como são. O corpo seco e magro, "de modelo", exaltado por um determinado grupo e por muito tempo dominante na mídia, nas passarelas e na produção cultural (e não quer dizer que isso tenha parado), talvez nunca tenha sido referência em comunidades pobres, periferias ou culturas nas quais a magreza pode ser associada à falta de comida e até doenças.

Tudo isso me faz refletir sobre a real origem do que eu gosto, do que valorizo, do que acho bonito ou pelo que me sinto atraído. Reflito sobre o que sustento, sobre o quanto a representação dos nossos corpos vai além da estética, sobre a relação entre beleza e classe, sobre beleza e cultura, sobre gênero. Se nesses exemplos vemos diferenças no que é valorizado, por que não questionarmos se todo o resto se trata mesmo de gosto ou é uma edição? É.

"AME seu corpo", "LIBERTE seu corpo". Essas são as mensagens que recebemos. Porém, quando olhamos para os lados, notamos ainda a representação de um ideal de beleza. Imagina o "esforço" para amar um corpo que é menos aceito socialmente... Escrevi pensando em autoamor, entretanto igualmente pode ser uma barreira em relação a outros corpos. Tudo isso pode contribuir não só para a baixa autoestima e autoaceitação mas também, principalmente, para o afastamento de outras pessoas.

Ok, parece haver um movimento de desconstrução, no entanto frequentemente, mesmo quando não é o corpo dominante que aparece, as recomendações são para que seja "belo", atraente, aperfeiçoado ou otimizado. Alterações que durante muito tempo foram feitas pela produção cultural e pela mídia hoje são feitas por pessoas "reais" – nas redes sociais. Se, após a revolução digital, parecia que caminhávamos para romper com o padrão dominante através da autopublicação, a qual (teoricamente) dá poder a todas as pessoas, hoje percebemos que não são todos os corpos que ascendem.

Kim Kardashian acredita que a genética é apenas uma sugestão de Deus quanto a como deveríamos ser e que todas as pessoas devem e podem mudar. Melhorar. Para ela, isso faz parte do livre arbítrio. Se você escuta a Gretchen falando, ou mesmo Anitta, figuras que assumem e se gabam de suas otimizações estéticas, há um certo coro para dizer: "deixa eu fazer o que eu quiser com meu corpo se eu me sentir melhor com isso". Sim, é claro, cada pessoa pode escolher a caracterização que quiser, e se negamos isso estamos representando o papel do opressor.

Mas e quando a liberdade acaba de alguma forma reforçando a opressão ou um padrão? Quem pode se doar aos esforços de otimização geralmente são pessoas com mais privilégios, poder, dinheiro... E aí até os novos referenciais podem acabar reforçando as mesmas narrativas de beleza ligadas à necessidade de perfeição, atratividade e poder. O sintoma disso é o que costumo chamar de meritocracia da beleza. Quando a sugestão é que obrigatoriamente sejamos livres para fazermos o que quisermos com nossos corpos, ainda somos livres?

O mercado (e o nosso feed) nos faz pensar que a beleza é algo sob nosso controle, algo que deve ser perseguido como forma de ascensão social. Assim como a popularidade, seria uma qualificação necessária para aumentar o nosso poder e a nossa presença no mundo. E talvez seja verdade – dentro da lógica atual que vivemos e reforçamos. Mas naturalmente a beleza padrão tem a ver com acaso. Ainda não é uma opção – para todas as pessoas – escolher nascer dentro dos padrões e critérios de beleza estabelecidos em um determinado momento histórico.

A meritocracia da beleza está geralmente ligada ao corpo magro, seco, sarado. Isso, claro, dependendo se reconhecem você como homem ou como mulher, pois "o padrão" diz qual corpo deve ser magro ou forte. Na maior parte das vezes, o incentivo às otimizações não visa à saúde do corpo e sim somente à boa imagem. Cuidar da imagem também pode ser importante, não pretendo negar isso; o lance é partirmos de uma expectativa externa para ficar de acordo com algum critério determinado por outras pessoas, esquecendo da saúde muitas vezes.

Essa formação acontece desde cedo, quando ainda somos crianças e não temos muito senso crítico. As mensagens são truncadas. Não nos estimulam a fazer exercícios objetivando adquirir benefícios para a saúde física ou mental, por exemplo, ou nos alimentarmos bem visando a uma vida saudável ou a um sono melhor. Geralmente o fim é emagrecer. Crescemos vendo isso na TV e nos filmes, com estímulos para odiarmos nossos corpos. Aposto que você já passou por isso.

Sofri com distúrbios alimentares por muito tempo, por vir de uma família com a genética gorda e desde cedo ter convivido com regimes de restrição de carboidratos e alegrias. Meu pânico era passar por aquilo – engordar –, e sem me dar conta eu já vivia uma vida restritiva. Depois, quando comecei a crescer, entendi que precisava ser forte. Como minha genética não era essa e não consegui alcançá-la apenas com exercícios físicos, eu me entupi de anabolizantes, o que me trouxe diversas sequelas.

Tentei várias estratégias para ficar ainda mais no padrão. Só que cada tentativa de "conserto" atrapalhava mais. Uma técnica de congelamento de barriga deu numa fibrose que nunca descongelou. Botox na testa me deu enxaqueca. A combinação bronzeamento artificial + depilação a laser deixou marcas. E os anabolizantes – o maior vício – derreteram meu fígado, a ponto de eu nunca mais, sob hipótese alguma, poder beber nenhuma gota de álcool sequer. Mas isso não era nada.

"Imagina que seu ovo é responsável por trabalhar e ganhar dinheiro. Daí ele ganha um salário de 10 dinheiros por mês. Vem um sugar daddy lhe dando uma mesada de 1.000, ou melhor, 100.000. O que você acha que ele vai fazer? Parar de trabalhar (!). É assim com o seu testículo em relação à testosterona. Por isso é normal que ele fique nessa medida de caroço de azeitona. Caso te incomode muito você pode colocar uma prótese. Quer dizer, duas", disse o médico da academia.

Além dos aspectos físicos, os impactos foram comportamentais. Se a testosterona me deixava mais forte, vibrante e disposto para viver e trabalhar, por outro lado estimulava muito a compulsão por sexo, o consumo de pornografia e o uso de viagra (tanto hormônio me causou disfunção erétil quando ainda era jovem). O compromisso de estar sempre bem, seco, forte, arrumado e com roupa nova foi estimulando o meu lado mais consumista e o desejo eterno pelo novo. Peter Pan estava diferente.

Outra questão que sempre me afetou foram as espinhas no rosto. Eu fazia de tudo para evitá-las. Gastava muito com remédios que me faziam mal demais e com "dermocosméticos" que não resolviam nada, enquanto continuava me alimentando de forma péssima e usando anabolizantes, sem ter noção do quanto poderia haver alguma conexão entre esses hábitos. Na televisão eu via sempre pessoas lindas com peles lindas e, quando as pessoas tinham espinha ou usavam óculos (eu também usava), tinham roupas feias e eram ridicularizadas, nerds ou eram tidas como inferiores. A mensagem que ficava era: "precisamos sempre fazer algo para mudar, melhorar, se transformar".

Felizmente, hoje vemos avanços. Protagonistas adolescentes da série sueca *Young Royals*, por exemplo, expõem suas peles sem maquiagem, assumindo cicatrizes e acnes. O assunto não é tratado na série, não é uma questão. São apenas adolescentes vivendo suas vidas e seus dramas, e "por acaso" eles também têm acne. Não são pessoas que vivem dramas porque são feias ou porque têm problemas de pele. Isso muda tudo. Ao mesmo tempo, quando a série foi lançada, houve muito bullying e crítica na internet.

O que muitas pessoas não entendem ainda é que a série não está incentivando o não tratamento da acne. Só está naturalizando algo que é real e que não diminui o valor das pessoas – a ponto de precisarem obrigatoriamente mudar de vida e de visual como em *Betty, a feia* ou como aconteceu com Mia, de *O diário de uma princesa*. É importante que junto a isso o assunto seja abordado sem tabu, apresentando alternativas de tratamento, que idealmente não sejam somente paliativos, mas sim envolvam a busca da raiz estrutural, a qual pode ter a ver com alimentação, estresse e outros problemas emocionais.

Mas a cultura da perfeição está tão enraizada que é desafiador desconstruí-la. E sabe o que é pior? Muitas vezes não nos damos conta de que aquilo ditado anteriormente pelas revistas e novelas agora é ditado por nós – por pessoas fotografadas diariamente para uma aprovação quantificada. A internet sistematizou a meritocracia da beleza, tornando-a quase inevitável, com seus feeds de "rostos e corpos". Quase sempre o que se vê é o corpo magro, reformado e – apesar de muitas vezes não ser dito – submetido a várias "rodadas cirúrgicas" para ficar no ponto e com a pele perfeita.

Esse padrão de beleza – e de ideal de vida, sendo mais abrangente – foi transformado em um sistema social equivalente ao monetário, que atinge (e discrimina) mais ou menos todas as pessoas. Características que não fazem parte do padrão são consideradas inferiores. Por isso acreditamos tanto na beleza como meritocracia. Acreditamos que é questão de trabalho duro (esforço) e dinheiro. É como subir na vida – e acho extremamente simbólico ver pessoas postando fotos depois da academia dizendo "TÁ PAGO". Quem está cobrando?

"Kim disse em seu programa que desejava uma gravidez 'fofa', na qual apenas sua barriga aumentasse. Mas ela engordou em todas as partes do corpo. Continuou usando saltos, roupas justas, recortes, explorando a sexualidade. Então foi comparada a uma baleia e a um sofá. Fotos com closes de seus tornozelos inchados em saltos transparentes ficarão na internet para sempre", diz um trecho do livro *Falso espelho*. Há quem não resista.

A pressão é social, mas há pessoas envolvidas. Alguns autores falam em servidão voluntária. Muitos indivíduos não entendem que, diversas vezes, estão reforçando um padrão do qual eles mesmos criam dependência e de que fatalmente serão vítimas. Fracassar na ascensão à beleza (não ir à academia, não conseguir seguir dietas, não ter dinheiro para procedimentos estéticos...) se torna um fracasso do Eu. Viver neste mundo, onde se acredita e se alimenta isso, tem consequências emocionais e físicas: pessoas morrem e matam por isso.

Poucas vezes percebemos que nossos pensamentos e emoções mais íntimos não são nossos. São reflexo da produção cultural, social e de mercado, de acordo com épocas, nichos e culturas. Pensamos através das imagens e linguagens que nos foram dadas pela sociedade. Por trás de um desejo de liberdade pode estar uma armadilha para aderir às orientações mais previsíveis sobre como devemos nos caracterizar.

Para mim é difícil olhar essa realidade e não reconhecer a mão do sistema. Quando falamos sobre beleza, não podemos deixar de pensar no impacto brutal que essas ideias exercem na formação da subjetividade de mulheres. Apesar da meritocracia da beleza poder impactar todas as pessoas, historicamente a cobrança contra mulheres é bem pior.

É muito complicado, "sendo homem", conseguir dizer o que se passa com as mulheres em relação a essa pressão. Quando levo o assunto para as redes sociais, algumas pessoas alertam para o risco de eu vestir a carapuça do "homem branco", julgando o que as mulheres fazem ou sentem. Como eu queria muito trazer esse assunto para cá, senti que precisava conversar. Busquei Jia Tolentino, autora do livro *Falso espelho*, que aborda em vários de seus ensaios a questão da beleza feminina.

– A mulher ideal tira vantagem da tecnologia, tanto na maneira de transmitir sua imagem quanto por meio do meticuloso aprimoramento dela. Seu cabelo parece caro. Ela gasta bastante dinheiro em cuidados com a pele, um processo que ganhou o aspecto sagrado de um ritual espiritual e a regularidade mundana de um despertador. O trabalho antes realizado pela maquiagem foi implantado diretamente em suas faces – disse Jia.

– Preenchimento, botox e filtros... Há cada vez mais notícias de pessoas que vão a clínicas de estética para tentar reproduzir na realidade a sua imagem com filtros de Instagram. E não só mulheres – eu pensei.

Há cada vez mais opções disponíveis. Como toda revolução, possui pontos positivos e pontos negativos. Todo desenvolvimento gera uma conta a ser paga. A internet nos apresenta um falso espelho que nos leva a pensar a todo momento que precisamos "melhorar" na vida sob a ótica do capitalismo acelerado. Nesse tipo de busca, muitos prazeres acabam sendo armadilhas. A autoestima que procuramos muitas vezes não é nossa: é uma expectativa externa. As demandas aumentam continuamente. Ideal e real se confundem. Normal e natural também.

– Sob as regras do sistema, a satisfação permanece como algo fora do alcance – diz Jia.

– Sei bem – respondi alto. – Seja na questão estética, seja em qualquer outro aspecto da nossa vida.

– Quando você é mulher, as coisas de que você gosta são usadas contra você. Ou, na verdade, as coisas que são usadas contra você foram prefiguradas como coisas de que você iria gostar. Desejar a beleza e ter prazer na busca por ela também fazem parte dessa categoria – completa.

– Sim.

– Mulheres estão genuinamente presas na interseção do capitalismo e do patriarcado, sistemas que, em seus extremos, garantem o sucesso individual às custas da moralidade coletiva. Há recompensas para quem não for contra as regras. Em um nível superficial, não há nada além de recompensas. A armadilha parece linda. É bem iluminada. Ela dá as boas-vindas quando você entra.

– Para mim, liberdade seria dar menos valor à beleza da forma como a conhecemos – pensei.

– Quase nunca tentamos imaginar como seria se a nossa cultura fizesse o oposto, se abrandasse a situação, se transformasse a beleza em algo menos importante.

– Sim, Jia, seria certamente um mundo que tentaria nos vender menos coisas. "A economia quebrará", muita gente diria. Sim. Porque a economia atual é baseada na idealização e na frustração.

Trabalhando com moda, conheci meninas de poucos anos, muito magras, que correspondiam ao padrão de beleza de seus núcleos e vomitavam a comida após o almoço, espalhando a bulimia e a anorexia como se fossem vírus. Ainda faziam procedimentos estéticos como botox, lipo, minilipo e mais um monte de coisas. E se antes, quando trabalhava com propaganda, eu ouvia que "Imagem não é nada, sede é tudo", por ali não havia algo que pudesse ser maior que a imagem.

Frases como "Olha como ela engordou", "Que perna grossa", "O cabelo não está legal hoje", "Essa não, é muito baixa", "Muito alta!", "Não, muito preto", "Não gostei do nariz desse" e "Horrível" eram comuns no meu dia a dia, fosse em sets de foto e vídeo, fosse até mesmo no recrutamento e na seleção de equipes de venda. Nem parecia que estávamos falando de seres humanos.

Em uma das minhas primeiras reuniões de trabalho na moda, ouvi uma pessoa dizer: "Seria legal se a gente pudesse colocar uma cerca na loja para dar choque em toda velha que entrasse". Brincadeirinha! (Mas também era uma vontade.) "Não é pra ter velha na loja. Não conversem com elas, não estimulem", dizia o gerente. Assim, o incentivo ao novo era reforçado não só semanticamente na comunicação das "novidades da semana".

É nítido como a beleza também está quase sempre relacionada à juventude. Vendedores e vendedoras tinham que ser muito jovens e ter a aparência perfeita. "Perfil" era a palavra usada para definir os padrões que deveriam atender à identidade da marca, na intenção de gerar identificação com clientes – enquanto se mascarava uma série de preconceitos e se reforçavam padrões inalcançáveis por pessoas diversas: clientes, colaboradores e modelos.

Naquela época eu ainda não era capaz de entender que ajudava a reforçar muito do que também me fazia mal. Até que saíram de cena as top models, entraram as blogueiras e os blogueiros fitness, e o "padrão" mudou. Em 2017 o The New York Times publicou uma matéria sobre a mudança do vocabulário acerca da perda de peso. Saiu o "Fique magra" e entraram o "Desperte o seu lado mais saudável" e o "Fique forte". Banalizaram o jejum, o detox e a "mudança do estilo de vida".

Apesar da sensação de liberdade, os padrões ainda imperam. Não vamos desconstruir rápido tanto tempo de opressão. No meio tempo é preciso ter cuidado. A ideia de uma beleza abrangente é legal, mas pode ser outra armadilha, se continuarmos dizendo que precisa "haver beleza" em tudo, garantindo que todas as pessoas "sejam bonitas", continuando a criação de novos padrões de "beleza de mercado" a serem seguidos e reforçando a ideia de que beleza é algo fundamental. Será que esses conceitos nos impregnaram tanto que não é mais possível "apenas" <u>ser</u>?!

Mesmo com a justificativa de liberdade, muitos de nossos corpos são usados para reforçar ficções normativas criadas para engessar processos de subjetivação. E não nos damos conta. É muito naturalizado. Automático. Mas quando a gente para e analisa, percebemos que, por mais que muitos dos padrões sejam estabelecidos por questões estruturais, da mesma forma que nos afetam, nós também os afetamos, interferindo no mundo e na construção de narrativas coletivas.

O que fazemos (falamos, postamos, compartilhamos...) tem o potencial de alimentar o glamour e o desejo de determinadas caracterizações, assim como intensificar a discriminação contra elas. A produção cultural tem uma importância grande nisso. As marcas, principalmente de moda e beleza, podem contribuir muito através da desconstrução de padrões na imagem não só em campanhas mas também em seus produtos. Individualmente, cada ruptura, cada pessoa que se nega a representar um papel que não lhe pertence ou um papel opressor contribui para desconstruir a falsa representação.

A busca pela beleza padrão, assim como pela perfeição, é uma ilusão. Temos muito o que aprender sobre isso com a natureza. Um pôr do sol sempre foi bonito e é sempre impermanente. Na natureza nada é perfeito, e tudo é perfeito. "As árvores são retorcidas, curvas de uma maneira estranha e ainda assim são belas", diz a escritora Alice Walker. Contra a humanidade, nossos olhos se acostumaram a procurar a simetria para encontrar o belo. A simetria leva ao desejo pelo que é igual. Ela rejeita o diferente. Nesse lugar, igualdade e aceitação se confundem. Liberdade não existe.

O mito da beleza, em muitas camadas, consiste em reduzir o que é belo ao seu valor de uso ou de consumo. Atento a isso, tenho me esforçado cada vez mais para considerar bela toda forma de independência e de não coerção, para ver beleza naquilo que é livre da determinação de outras pessoas, sem fins lucrativos, sem fins de servidão como meios úteis de execução. Tenho minhas diferenças com Aristóteles, mas concordo quando ele diz que "o homem livre é aquele independente das necessidades urgentes da vida e das suas convenções".

Sim. Em breve vou voltar a esse assunto. Enquanto isso, sigo conversando com meus livros.

APROFUNDAMENTO

PARA LER

■ *Falso espelho: reflexões sobre a autoilusão*

Livro composto de nove ensaios escritos por Jia Tolentino que investigam as forças transformadoras da visão que temos de nós e do mundo lá fora. Com um certo humor e muita crítica, elucida aquilo que é absurdamente complexo de forma clara e, às vezes, brutal – sua relação com a internet, o feminismo, os padrões de beleza e até as heroínas na literatura.

■ *O Instagram está padronizando os rostos?*

Percorrendo uma breve história cultural do rosto até a era digital e localizando o rosto de Instagram e seus significados, o livro propõe uma reflexão sobre a relação entre rosto e subjetividade, bem como sobre os impactos da lógica de consumo, insuflada pela tecnologia e pelas ferramentas digitais, quando aplicadas à face humana.

■ *O mito da beleza: como as imagens de beleza são usadas contra as mulheres*

Clássico que redefiniu a visão a respeito da relação entre beleza e identidade feminina. A jornalista Naomi Wolf afirma que o culto à beleza e à juventude da mulher é estimulado pelo patriarcado e atua como mecanismo de controle social para evitar que sejam cumpridos os ideais feministas de emancipação intelectual, sexual e econômica.

PARA ASSISTIR

- *"O algoritmo da imagem"*

A pergunta que inspirou o início deste capítulo veio de um vídeo de Senhorita Bira no canal do YouTube O algoritmo da imagem, que se propõe a fazer análises semióticas de celebridades, políticos e empresas a fim de entender como essas imagens nos afetam. Vale assistir a todos os vídeos.

- *Revelação*

O documentário americano constrói um olhar profundo sobre a representação de pessoas transgênero na produção cinematográfica e televisiva de Hollywood, revelando o poder e o impacto de suas histórias na vida das pessoas e na cultura.

- *"Masculinidades negras e hiperssexualização"*

Em seu canal do YouTube, Thiago Torres, o Chavoso da USP, recebe Vinaum – estudante de filosofia e pesquisa científica – para debater sobre a origem e as consequências da hipersexualização de corpos negros. No canal também há inúmeros vídeos sobre as consequências da falta de organização coletiva em prol da individualização.

PRIMEIRO VIVE, DEPOIS POSTA

Foi amor à primeira vista. Eu não parava de pensar e sonhar com ela desde que a conheci na casa do meu primo. No primeiro dia que entrei na internet, eu me apaixonei. Pela internet. Na mesma época fui apresentado ao Bate-Papo UOL e conheci pessoas que passavam por situações parecidas com as minhas. Fiquei fascinado com essa possibilidade de conexão. Eu poderia ficar ali para sempre, mas na casa dele o tempo era contado, sem muita liberdade.

Virou paixão platônica. Só quando entrei na faculdade, aos 18 anos, que pudemos estabelecer um relacionamento realmente sério. Fiquei encantado com o fotolog e depois com os blogs. Aprendi um pouquinho de programação para personalizar minhas páginas. Com uns amigos fundei um blog chamado Banheiro Masculino. Falávamos das desventuras de três garotos gays se descobrindo.

Como era excitante (!). Conheci muita gente bacana. Aprendi e me desenvolvi demais... Passei a ter mais autonomia e agilidade para pesquisar, para saber o que acontecia fora do meu mundo e para escrever. Aquele barulhinho de entrar na internet, nossa, me arrepiava. Meu primeiro ASMR. É, a internet parecia realmente um bom partido.

Com ela vieram as plataformas de autopublicação. Além da possibilidade de conexão, os blogs, tumblrs e fotologs pareciam nos proporcionar autonomia para contar nossas próprias histórias. "Mas havia uma outra grande mudança acontecendo: nossas vidas estavam se tornando públicas. Começamos a passear na internet, como se estivéssemos indo a casa de pessoas", conta Jia Tolentino.

Os incentivos e as recompensas sociais de se expor e de buscar visibilidade e likes (aprovação, biscoito, afeto...) entravam em cena com uma proporção nunca antes conhecida. Não foi só comigo – muitas pessoas foram seduzidas por essas possibilidades, muitas viram a chance de transformar esses incentivos em carreiras, negócios... Outras queriam "somente" se conectar.

A internet passou a ser um lugar para expressar ideias e ideais. Mais do que a moda, a decoração ou qualquer coisa, ali parecia ser o habitat natural, descomplicado e sem custo para a autoexpressão. Até que os limites tênues entre se expressar e se expor começaram a se embaralhar. Sabe, eu sinto realmente que ainda não temos noção do impacto dela nas nossas vidas.

"O clamor pela autoexpressão transformou o pequeno vilarejo da internet numa cidade, que se expandia como uma filmagem em time-lapse. Aos 10 anos eu estava clicando em um webring para conferir outros sites. Aos 12 estava escrevendo 500 palavras por dia em um perfil público. Aos 15 estava publicando fotos minhas de minissaia no MySpace. Aos 25 meu trabalho consistia em escrever coisas que atraíssem, idealmente, 100 mil estranhos a cada postagem. Agora eu tenho 30, e grande parte da minha vida é inseparável da internet e de seus labirintos de incessantes conexões forçadas."

Essa confissão é de Jia Tolentino, que no livro *Falso espelho* traz um dos mais perfeitos ensaios sobre esse "febril, elétrico e inabitável" atual mundo da internet. Nela encontrei alguém que, como eu, havia passado por fases de encantamento, romance e decepção, até compreender o estado de relação abusiva em que estava me colocando.

Adorei Jia, apesar de nossas opiniões divergirem em alguns poucos pontos. Ela acredita que a internet coalhou na passagem da web 1.0 para a 2.0. Eu vejo diferente. Para mim, tudo começou a dar ruim em uma noite de outubro de 2003, quando um rapaz de sobrenome estranho, entediado no campus da Universidade Harvard, "não sabia como tirar aquela putinha" (sua ex-namorada, em suas palavras) da cabeça e, às 21h49, escreveu em seu blog:

– Estou um pouco bêbado [...]. O catálogo de fotos de moradores aqui do dormitório está aberto [...] e algumas delas são horríveis. Tenho vontade de pôr alguns desses rostos perto de animais e fazer as pessoas votarem em quem é mais atraente – LOL [...] Ok, vai rolar. Não sei como vai ser com os animais [...] mas gosto da ideia de comparar duas pessoas.

Mark Zuckerberg criou um site chamado Facemash, com fotos de estudantes colocadas lado a lado para as pessoas votarem. Não era uma ideia original. Antes disso, Hot or Not, fundado em 2000, partia da dúvida quanto a quais mulheres seriam "comíveis" ou não. Foi um grande rebuliço: muitos votos de um lado e muitos protestos de outro. Mas Mark entendeu que um catálogo de retratos era algo que atraía a curiosidade das pessoas. E assim "a invasão começou" – disse em outro post.

Em fevereiro de 2004 ele colocou no ar a primeira versão do Facebook, um site simples, esteticamente fácil de navegar, que seria um local (aparentemente) seguro para hospedar a melhor versão de cada pessoa e que tinha o propósito anunciado de promover conexões. Para Jia:

"Quando criei meu perfil no Facebook no fim do último ano do meu ensino médio, senti que tinha entrado em um sonho narcisista maravilhoso. Na época estava no auge do interesse por mim mesma, extremamente focada em descobrir quem eu me tornaria quando não estivesse mais confinada em um ambiente cheio de republicanos e aulas diárias de religião. Era como se estivéssemos indo a uma prefeitura virtual registrando nosso novo eu protoadulto."

Eu me sentia assim também. Parecia que estávamos usando algo incrível. Era a evolução do Orkut – que estava indo "para outra galera". Entrar no Facebook virou moda. "As pessoas pareciam achar engraçado chegar em casa bêbadas e ficar olhando as suas próprias fotos", escreve Jia. Curtíamos fotos de outras pessoas... Sem termos noção de que estávamos gerando dados de comportamento, que rapidamente foram compreendidos como oportunidade de monetização.

Não posso dizer que não usufruí disso. Cresci com o Facebook. Cheguei rápido ao limite de 5 mil amigos e sentia-me a melhor e mais popular pessoa do mundo. Foi proveitoso para a minha reputação. Profissionalmente – sobretudo com as marcas com que trabalhei – ganhei muito dinheiro. Mas não estava claro... não tínhamos ideia do quanto estávamos alimentando nossas neuroses. Hoje penso: como algo que começou para fazer bullying poderia ter dado certo para todas as pessoas?!

Quando falamos "internet", parece que estamos nos referindo a alguém. Tudo entra na sua conta. Começou como páginas de registro e de busca e foi "evoluindo". Saiu do computador, foi parar nos nossos dedos. Dominou tudo. É naturalmente associada às redes sociais, que podem ser muito valiosas, mas que podem também despertar um lado ruim em nós. Desde o seu surgimento, elas tiveram um impacto gigante na nossa evolução. Teve coisa legal? Sim. Mas a intenção deste capítulo é falar mal. ☺

É comum ouvir que nas redes "nós somos os produtos". Muitas pessoas já estão conscientes da lógica de funcionamento e mesmo assim voltam a elas, como a um relacionamento de dependência – porque é mesmo. *O dilema das redes*, documentário de 2020, chegou denunciando o que muita gente já sabia, e nada mudou. Quer dizer, algumas coisas mudaram – para pior (como as políticas de privacidade e utilização de dados).

A denúncia do filme é grave. As redes sociais não só viciam como também foram desenhadas para tal. Chupeta digital. Todo o design e toda a usabilidade são pensados para atrair atenção e manter as pessoas conectadas – das localizações dos botões às funções. Enquanto se dizem "centradas no usuário", muitas plataformas criam ambientes potencialmente tóxicos. Há um impacto grande delas na nossa autoestima, uma vez que aparentemente não evoluímos como espécie para ter nossas identidades expostas e avaliadas por milhares de pessoas ao mesmo tempo. Mesmo assim, é fascinante.

Na década de 80, Andy Warhol disse que no futuro todas as pessoas teriam 15 minutos de fama. Ele era fascinado pela cultura pop, por celebridades e pela possibilidade de as pessoas se tornarem populares (parece que não só ele). Ao mesmo tempo, em *Diários de Andy Warhol*, o livro e a série homônimos que trazem a transcrição de seus diários, editados por sua secretária, Pat Hackett, podemos perceber o quanto ele era vítima dessa cultura e as consequências para sua vida.

Na internet sua profecia se concretizou. Talvez a explicação seja o nosso narcisismo "natural", usado como forma de conexão. Parece inofensivo, mas causa um tremendo mal-estar. Muitas redes vendem a ideia de conexão enquanto podem criar isolamento e alienação; propõem verdade e expressão genuína enquanto pessoas entregam uma vida recortada e editada; sem contar toda a manipulação e os crimes políticos de que já tivemos notícias.

A internet é uma enorme esfera de imaginação pública, que molda a forma como nos vemos e como vemos outras pessoas. Ali, somos um ativo social em potencial para chamar atenção do público, e esse jogo está ligado à sobrevivência econômica de muita gente. E nem sempre é sobre dinheiro. Nossas histórias e personalidades públicas contribuem para a ideia de que as nossas identidades são avatares em busca de boa performance (validação, entrega e alcance).

"Mesmo quando nos tornamos cada vez mais tristes e feios na internet, a miragem de nosso melhor eu virtual continuou a brilhar. A internet é um meio em que o incentivo à performance é inerente. No mundo real você pode simplesmente andar por aí, vivendo a vida enquanto as outras pessoas olham para você. Na internet você não pode só andar pode aí, e ser visível, para que os outros o vejam, você precisa agir e se comunicar para manter uma presença", observa Jia.

Com o passar do tempo, o Facebook se tornou para algumas pessoas um lugar entediante, pesado e exaustivo. O Twitter, depois de se tornar um limbo no qual somente postávamos reclamações de empresas e produtos, parece ter reaquecido com a cena política e os cancelamentos pessoais. Já o Instagram parece estar balançando devido à sua falta de personalidade e à sua vontade de copiar todos os concorrentes... enquanto crianças andam viralizando no TikTok e atraindo muita curiosidade.

Mudamos de endereço, mas não desconectamos. Há muitas razões para isso, que já vão além das armadilhas de usabilidade. Muitas redes sociais se tornaram um órgão central na nossa vida e no mercado. São uma fonte de prazer e relacionamentos e uma ferramenta de trabalho para muita gente, mesmo para quem não atua ali de forma profissional (tipo influenciadores). Performar bem nas redes parece ser um pedágio para alcançar o sucesso em qualquer carreira. Mas ainda vai além.

A lógica de grande parte das redes sociais modificou nossas conexões cerebrais e subjetivas, fazendo com que voltemos a um estágio primitivo de dependência. Elas construíram um sistema que idealiza e monetiza o Eu através de uma "economia de atenção". E, como na economia "de mercado", há o potencial de ser baseada na competição e na exploração – e não na real conexão.

Para haver melhora individual e ganho coletivo, é fundamental o pensamento crítico. Quando entendemos mais do funcionamento de algo, podemos estabelecer uma relação diferente e usufruir com consciência do perigo de distorção do nosso senso de liberdade, dos incentivos para supervalorizar nossas ações e opiniões e para projetar a nossa imagem de maneira superficial. Enquanto não entendermos isso, o "ganho" é somente individual. O custo será sempre alto.

Entender o quanto a internet pode resultar na falência de quem poderíamos ser de verdade é algo que torna a relação mais rigorosa. Talvez mais saudável. Ou pelo menos mais distante. Na internet geralmente confundimos quem somos com o que somos, quem uma pessoa é com o que ela é. Pode soar parecido, mas há diferença. Uma vida só é conhecida ao longo do tempo. Somos um acúmulo de experiências, falas, ações… A narrativa da nossa vida como um todo é o que nos define.

As redes apresentam um retrato curto. Esquecemos que pessoas têm história, com começo, meio e fim. Julgamos a vida pelo meio. Nós nos inspiramos e desejamos viver papéis que são recortes, narrativas fractais editadas, registros de momentos – alguns, claro, dizem muito sobre quem somos, mas não são eles que nos definem por completo.

Ninguém se define inteiramente por uma fotografia, um texto, um recorte. Quem um dia fomos e quem vamos ser também nos definem, apesar de nem sempre isso ficar registrado. (O mesmo vale para outras pessoas.)

A teoria identitária de Erving Goffman, que gira em torno da encenação, ganha novas proporções com a internet. Se, para ele, em qualquer interação uma pessoa executa uma espécie de performance para criar uma impressão para um público, no ambiente virtual há uma série de outras estruturas metafóricas, que tornam tudo isso não só mais consciente como também, às vezes, até perverso. Raramente temos noção dos efeitos.

Em um primeiro encontro, contamos aquilo que gostaríamos que fosse dito, de acordo com o perfil de quem pretendemos conquistar. Em uma entrevista de emprego, falamos daquilo que se encaixa na vaga. Com nossos pais, mães e parcerias compartilhamos aquilo que julgamos ser compatível, aceitável. O mesmo vale para chefes e colaboradores. Fazemos isso de forma natural, até mesmo com um certo incentivo.

Na internet, não trocamos de público. Tentamos criar uma imagem média, que possa ser capaz de materializar o que gostaríamos que nos representasse. Para chegar ao nosso Eu ideal, há estímulos para manipularmos fotos e textos. É muito mais fácil copiar, colar... Por mais que a possibilidade de fazer essa grande colagem possa parecer uma boa forma de experimentar e de nos conhecer, na prática nem sempre é assim, pois geralmente partimos de um lugar de falsa ilusão. De falsos espelhos.

Cada vez mais preocupado e cansado de tudo isso, enquanto escrevia tomei coragem e apaguei todas as minhas fotos do meu perfil. Decidi me livrar do meu Eu instagramável. (Quase) Nada contra quem poste sua vida abertamente, mas simplesmente parou de fazer sentido para mim compartilhar a minha rotina, as minhas conquistas e até a minha casa.

Na verdade, comecei a questionar essa condição (implícita às redes) de algumas pessoas se colocarem como referência e inspiração para outras. A internet faz isso com a gente. Há diversos perfis nas redes com pessoas ensinando sobre dietas, dicas de malhação, roupas e tals. Há muito estímulo ao consumo desenfreado. Há muita mentira também. E por mais que possam ser positivos para alguém, muitos desses perfis alimentavam minhas neuroses.

Descobri veganos que promoviam uma alimentação à base de plantas e tomavam anabolizantes para manterem os músculos inchados, falando que era proteína de ervilha. Pessoas que falavam sobre dietas saudáveis e tinham distúrbios alimentares. Gente com fórmula natural para crescimento de cabelo que fez implante. E por aí vai. (Outra coisa que fiz foi deixar de segui-los.) É muito fácil, muito sedutor. Eu mesmo já fiz propaganda de café sem gostar.

As plataformas de autopublicação facilitam a troca de ideias e o compartilhamento de conhecimento e informação, e isso pode ser muito rico. Talvez o fato de às vezes dar ruim não seja uma responsabilidade direta da plataforma, mas sim tenha a ver com a lógica criada por elas. Como venho dizendo, as recompensas para nos perdermos são muito altas. Há incentivos diretos e indiretos para que muitas pessoas se (corrompam) percam. Por isso digo que, na "sociedade da liberdade", a internet contribui muito para a falência do nosso Eu mais verdadeiro.

Não posso deixar de dizer também que nem sempre as pessoas estão mentindo, editando, manipulando... E "Nem todo mundo posta para se exibir, às vezes é você que olha com inveja" – frase que acabou de passar no meu feed e que é geralmente usada como álibi. Sim, pode existir algo de genuíno e de inocente, até bem-intencionado, ainda perdido em pessoas que compartilham sem a noção dos impactos em outras vidas. Mas qual é o limite da inspiração saudável?

Provavelmente o limite é o estofo emocional das outras pessoas. Por não ter nenhum controle externo, mas tendo a noção do quanto essa relação pode ser tóxica, tenho mudado minha postura. Comecei a pensar na diferença entre compartilhar minha vida com pessoas próximas (que conhecem também os meus bastidores) e expor minha vida para geral, criando referências e réguas. "QUEM VÊ CLOSE NÃO VÊ CORRE." Sem contar que às vezes o limite é socioeconômico.

Quem se beneficia é o mercado: indústrias poderosas como as da dieta, das academias, da moda, dos cosméticos, das cirurgias e dos procedimentos estéticos – além das de pornografia e os próprios aplicativos pagos de manipulação e filtros. Esses mercados crescem a partir do capital gerado por ansiedades inconscientes. São idealizações irreais que conseguem, através da influência da internet sobre a cultura de massa, estimular e forçar uma espécie de alucinação coletiva. É preciso mais responsabilidade.

Não podemos esquecer também dos coaches, gurus e influencers os quais reforçam o coro meritocrático que quer fazer as pessoas acreditarem que "qualquer pessoa" pode ter uma vida de Instagram (até mesmo as definições de teoria da prosperidade foram redefinidas). A disseminação de milhões de imagens do "ideal" em voga afeta totalmente a escolha e a caracterização dos nossos papéis, muitas vezes impactando de forma estrutural a construção deles.

"Durante a última década as mulheres conquistaram posições importantes na sociedade, tanto em termos legais como profissionais. Paralelamente a essa escalada de poder, porém, aumentaram os distúrbios ligados à alimentação, cirurgias plásticas, pornografia e a necessidade artificialmente provocada de corresponder ao modelo idealizado de mulher, em que a velhice e a obesidade, mais do que pecados, são motivos para estigmatização."

Quem disse isso foi Naomi Wolf, autora de *O mito da beleza*, no qual ela analisa como as imagens de beleza são usadas contra as mulheres. Após a leitura, não pude parar de pensar no quanto a internet potencializa falsos mitos não só pelas mídias sociais das marcas e dos negócios como também pela produção cultural (performance) individual. Enquanto escrevia, recebi de um amigo:

– Já viu a história da menina que inventou a vida dela toda na internet?

– Oi, já sim, qual delas?

Ele estava se referindo ao caso de Lillee Jean, uma adolescente americana que, junto de sua mãe, foi acusada de forjar uma vida, que lhe rendeu mais de um milhão de seguidores no Instagram. Ao que tudo indica, ela manipulava fotos em lugares onde não estava, simulando inclusive fotos de paparazzi. Além disso, mantinha uma série de páginas fakes de fã-clubes e perfis fakes de seguidores que formavam uma espécie de grupo de engajamento nas suas fotos para o seu perfil crescer de forma "orgânica". Ou seja, nem as interações eram reais.

O exemplo é extremo. No mínimo triste. Não sei nem qualificar. Mas em algum nível é o que muitas pessoas fazem diariamente. Às vezes não de forma tão consciente e pensada; já de forma "natural". Nós passamos os dias pensando na melhor forma de representar o nosso papel, na melhor interação, na melhor roupa, no ângulo, na foto... O assunto, o post, a legenda, o emoji.... Recortamos, simulamos... Mantemos relações e aproximações superficiais, frágeis, mentirosas, em troca de biscoito, audiência... Cada pessoa do seu jeito.

Outro amigo esses dias fez um vídeo-textão dizendo que não aguenta mais as pessoas que ficam se diminuindo na internet, se vitimizando, pegando dramas pessoais e potencializando, apelando em torno de audiência, usando suas misérias pessoais para se promover. Fechei o vídeo, entrei no seu feed, e estavam lá: fotos sem camisa, de sunga, com celebridades, com roupas caras... É bem parecido com o que está criticando. Cada um joga com o que tem.

O risco da forma como agimos envolve sermos seres sociais. Nossa subjetividade também é construída a partir das nossas experiências coletivas, apesar dos incentivos para "olhar para dentro". Constantemente baseamos nossa vida e nossas escolhas nesses recortes e representações que recebemos. Muito do comportamento humano não é racional. Raramente agimos com base em uma análise precisa e bem fundamentada diante das mensagens que recebemos.

As respostas são emocionais. Instantâneas. Se quando vemos "na televisão" mensagens idealizadas – mesmo sabendo que não são verdade – elas já nos influenciam, imagina quando as recebemos de "pessoas reais", que poderiam ser "qualquer pessoa". É o que a internet nos leva a pensar. Por isso o estrago é maior. Por isso é tão difícil escapar. Por isso precisamos ter mais crítica em relação às plataformas de autopublicação, não só ao uso delas mas também à nossa postura.

Eu mesmo, apesar de pensar, estudar e criticar esses comportamentos, caio em armadilhas. Basta uma piscada para começar a achar meu corpo horrível, para me afundar em dietas, para desejar estar em lugares onde não estou, para me relacionar com pessoas que não conheço... para sofrer por pessoas que nem conheço – e que na verdade jamais gostaria de ser –, para forçar uma barra para ganhar elogios. Entre tantos estímulos, o sonho do Eu verdadeiro e livre vai sendo minado.

Parece fácil descobrir e experimentar formas de ter uma vida mais feliz, mais bonita e mais livre. Uma armadilha, se antes não nos dermos conta da realidade. E a realidade é que não existe uma realidade. Vivemos uma grande ficção social. "Tá todo mundo tentando." Fica mais leve quando a gente entende isso. Pode ser uma forma de deixar de se comparar com as realidades editadas de outras pessoas, de perder muito tempo editando a nossa.

Felizmente há pessoas repensando o conteúdo que postam e recebem, mas tentativas individuais não irão resolver todos os problemas das redes. Há agências e marcas se negando a trabalhar com influenciadores e influenciadoras que usam filtros e editam seus corpos, e isso é ótimo. Há algumas plataformas limitando conteúdos opressores e fake news, o que também é superválido. No entanto a conversa precisa chegar a outro patamar. É preciso haver regulamentação.

Por fim, esses dias uma influenciadora postou sua dica de ouro: "PRIMEIRO VIVE, DEPOIS POSTA". Resultado: um milhão de likes. Eu me perguntei: "Por que mesmo precisa postar?". Ah, claro, é uma rede social. Mas será impossível nesses tempos pensar em "apenas" viver?

APROFUNDAMENTO

PARA ASSISTIR

■ *Fake famous: uma experiência surreal nas redes*

A intenção do documentário é explorar a fabricação da fama e da cultura de celebridade no universo de influenciadores digitais. Poderia ser o episódio "Nosedive", da série *Black Mirror*, o qual retrata o desespero pela aprovação alheia de pessoas desconhecidas, mas é a "vida real". Assim, o doc traz uma forte crítica ao comportamento de muitas pessoas diante das redes sociais.

■ *O dilema das redes*

O documentário combina depoimentos reais de executivos que passaram pelas maiores redes sociais que conhecemos, de especialistas de diversas áreas e de ex-colaboradores de big techs com uma parte "ficcional", retratando uma família que sofre com a manipulação e o vício gerados pelos algoritmos das redes.

■ *Diários de Andy Warhol*

Após levar um tiro, Andy Warhol começa a registrar seus sentimentos em diários através de conversas telefônicas com sua assistente, Pat Hackett. Os registros viraram um livro e uma série, narrada pela voz de Warhol, recriada por inteligência artificial. Ao longo dos comoventes episódios, vemos uma pintura íntima da sua vida pessoal, que por muitos anos ficou escondida.

PARA LER
■ *Discurso de ódio nas redes sociais*

O livro analisa o quanto as redes sociais cooperam para o aumento dos discursos de ódio. A partir de evidências de que as mulheres negras são as principais vítimas de ataques que ridicularizam e inferiorizam suas existências, Luiz Valério Trindade analisa textos postados em redes sociais e mostra o quanto o racismo intersecciona-se com sexismo e questões de classe.

■ *Adultos*

Através de uma mistura de textos curtos, diálogos forçados, e-mails e interações em redes sociais, o livro apresenta uma sátira hilária, e ao mesmo tempo deprimente, da vida moderna. Entre a busca pela maturidade e as pressões sociais a que as mulheres são submetidas, lança um olhar sobre o abismo com frequência existente entre o que as pessoas expõem na internet e a vida real.

■ *Get rich or lie trying: ambition and deceit in the new influencer economy*

E se você pudesse escapar da crise ganhando a atenção da internet? E se pudesse transformar a adoração de seguidores em uma vida lucrativa? De olho nessas respostas, o mercado de influência se tornou um grande sonho para muitas pessoas. Mas não é tão fácil, simples nem ético como parece. "Essa corrida digital de ratos está nos custando muito", diz Symeon Brown, o autor de "Enriqueça ou minta tentando", em tradução livre.

queb—
re
todas as
regras

QUEBRE AS REGRAS

Eu estava na fila, escrevendo na minha cabeça, quando ouvi a mulher que varria a farmácia dizer sobre a pessoa atrás de mim: "Velho safado, tsc" – com uma voz beeem enojada. Ri alto. Acabei me distraindo. Logo fiquei sem graça e me contive. Depois tive vontade de virar para ver quem era. Pelo canto do olho, via o seu reflexo em um espelho na minha diagonal.

Não me contive. Disfarcei e olhei. Quando vi, era eu. Deixei imediatamente tudo cair no chão: dez pacotes de camisinha, um lubrificante, três giletes e um kit de tintura de cabelo. Mal sabia ela que as camisinhas eram para o trabalho voluntário sobre educação sexual em escolas. As giletes e a tinta de cabelo, para a minha mãe – mas eu estava de boné.

"Senhor." Um tempo depois: "SENHOR?" – a pessoa do caixa confirmou. O velho era eu. Caminhei como quem se dirigia à força, sob os olhares e julgamentos de quem estava presente. Diferentemente da moça que varria o chão, a do caixa não falou nada, apenas me reprovou com o não olhar. Fechou os olhos e registrou a nova tintura. Parece que não curtiu o tom.

Então fiz o que senti que me restava: mantive a cabeça baixa, paguei no débito e vim direto para casa. Andei pensando se era o "velho safado" por estar transando (mal sabia ela) na minha idade ou se poderia ter alguma coisa a ver com depilação e tintura de cabelo. Não importava. Eu estava com 40 anos e a barba toda branca.

Pior: sinto que aos olhos das outras pessoas o julgamento será cada vez maior, pois essa "sociedade de consumidores", como Bauman diz, enaltece o novo e faz de tudo para nos forçar a ele – das pequenas às maiores coisas. Trocar de brinquedo, de celular ou de carro por uma "nova versão", atual, mais moderna, melhor e principalmente aperfeiçoada nos habitua a uma vida de novidades.

Pensei se comentava com minha mãe que a moça não gostou da tinta, mas me liguei que a cor é vista agora como feia e monótona porque se tornou "velha", porque saiu da moda. Ela reforça o estigma vergonhoso das coisas que expiraram, que perderam o valor. Agora ganha um rótulo de ignorância ou inferioridade. Se eu dissesse que saiu de moda, isso certamente a influenciaria. Optei por poupá-la.

O que há pouco tempo significava a audácia de estar à frente da tendência rapidamente se transformou em rejeição. A sensação é de que o consumo do novo é não só um desejo como também um direito e um dever humano universal. Nele reside a felicidade. Responder obrigatoriamente aos apelos do que é considerado tendência e vira moda faz parte disso.

As pessoas querem se mostrar antenadas. É um valor social. Responder imediatamente a esses estímulos mostra poder não somente de compra e de acesso mas também de estar por dentro do que é "novo". ATENÇÃO AO PRAZO DE VALIDADE. Assim vão se criando mais padrões que de livres não têm nada. Você já deve ter sentido algo parecido.

É pelo poder de aumentar o valor de quem consome que se costuma avaliar a atratividade dos bens de consumo. Compramos e vendemos, muitas vezes, em busca de moedas sociais – e da fantasia do "enriquecimento". Pertencimento, aceitação, fama, sucesso, segurança... Tudo está conectado. Por que será que a gente entra nessa?

Siegfried Kracauer foi um pensador dotado da capacidade de identificar os contornos quase invisíveis e incipientes de tendências de comportamento ainda perdidos numa massa disforme. No final da década de 1920, quando nem se falava ainda em sociedade de consumo, ele havia notado que a corrida aos inúmeros salões de beleza nascia, em parte, de preocupações existenciais.

"Como posso ficar bela?" – indaga o título de um folheto recém-lançado no mercado. Ele também notou que o uso de cosméticos nem sempre era um indicativo de luxo. "Por medo de caírem em desuso como obsoletos, senhoras e cavalheiros tingem o cabelo". E apontava: "Os anúncios trazem a solução. Apresentam maneiras de permanecer jovem e bonita agora e para sempre".

Vemos a representação de cenários idílicos, de cenas protagonizadas por personagens idealizados, para que, deslumbrada, a nossa subjetividade tente mimetizá-los por meio do consumo de mercadorias e ações. Nossa subjetividade flexível é incessantemente bombardeada por essas imagens – "as quais tornam seus já efêmeros contornos subjetivos ainda mais rapidamente caducos", explica Bauman (eu li tudo isso no livro *Vida para consumo*).

"Aposto que você consegue imaginar a mulher que comanda o espetáculo hoje. Ela tem uma idade indeterminada, mas uma resoluta aparência jovem. Seus cabelos brilham, e sua expressão neutra e inabalável é a de alguém que acredita que foi feita para ser vista. Ela costuma estar oferecendo a si mesma algum tipo de prazer, em praias remotas, sob estrelas no deserto, em uma mesa cuidadosamente decorada, cercada por objetos maravilhosos ou amigos fotogênicos."

Não tive como não lembrar de Jia Tolentino em *Falso espelho*. Para ela, essa é a imagem da mulher frequentemente idealizada nas redes sociais, que estimula o desejo de tantas outras. Ela pode ser de verdade para algumas. Para outras, não. Mas será esse um papel disponível e adequado para todas? Arrisco dizer que certamente não. Nem podemos falar que todas as mulheres querem ser essas, claro. Só que, quando olhamos os perfis mais bombados nas redes sociais, é essa a imagem que mais reconhecemos.

"Você consegue enxergar essa mulher?", indaga Jia. "Ela parece um próprio Instagram, reproduzindo as lições do mercado, que é exatamente o que faz com que uma mulher comum evolua para um ideal. O processo exige a máxima obediência e, de preferência, seu genuíno entusiasmo." Super. Boa aparência, impressão de juventude prolongada ao infinito, habilidades avançadas de autorrepresentação, de interpretação... Eu vejo bastante isso.

"Ela também estará interessada em tudo o que o mercado lhe oferece: todas as ferramentas que farão com que pareça mais atraente, para que assim extraia o máximo de valor de sua posição." Dessa maneira vão se construindo e reproduzindo papéis prontos para serem idealizados e consumidos. O perfil @shitbloggerspost reúne fotos de meninas pelo mundo todo usando roupas iguais, fazendo poses iguais, em lugares iguais... É chocante.

A história está também em livros. *Minha vida (não tão) perfeita* mostra a protagonista Katie obcecada pela vida perfeita de sua chefe nas redes sociais. Ela memoriza e tenta reproduzir os detalhes do corpo, das roupas, da família, da casa e das férias de Demeter. Já *Adultos* nos apresenta a Jenny McLaine e sua rotina de atitudes forçadas para se sobressair nas redes.

Mas a intenção de Jia e das demais autoras não é responsabilizar as mulheres. Já falei aqui anteriormente a respeito da interferência brutal do patriarcado e da cultura sexista sobre elas. Sem dúvida elas são a parte mais afetada, mas isso é mais ou menos o que acontece com muitas pessoas. Os estímulos para responder com prontidão às normas do mercado estão por toda parte.

Tem uma imagem que adoro usar para falar desse fenômeno. Você já deve ter visto (ou até vivido) este vídeo na internet: num festival de música, uma pessoa começa a dançar e logo contagia o seu entorno. Contagia. Em pouco tempo todas as pessoas à sua volta estão dançando conforme a música. Cada uma do seu jeito, mas todas iguais. Repare.

Além da dança, as roupas que essas pessoas estão usando também são iguais. Assim como suas bebidas, seus cabelos, sua maquiagem, seu jeito de se mover... Ok, tá bom, tá bom, não vou generalizar. Toda generalização é perigosa. Concordo e não quero influenciar você com meu pensamento radical. Não é tudo igual. Tem umas três ou quatro opções de papéis e caracterizações para escolher. Não é?!

A sociedade do consumo se vale do conceito de habitus. Segundo o sociólogo Bourdieu, a estrutura das práticas e representações sociais não seria um processo conduzido de forma autônoma, consciente e deliberada pelas pessoas. É um reflexo de como as pessoas percebem e reagem ao mundo social. O habitus consiste na forma como a cultura de um núcleo e a história pessoal moldam o corpo e a mente e, como resultado, moldam também nossas ações sociais. Elas constituem uma espécie de "matriz de percepções e apreciações" (o habitus), cuja função é orientar as ações das pessoas nas situações a serem performadas (vivenciadas) e distribuídas.

Sendo assim, as pessoas irão agir em função desse habitus como integrantes de um núcleo (grupo social), ocupando o papel (a posição) que lhes compete na ficção (estrutura social) e colaborando para reproduzir as propriedades do seu núcleo e as estruturas narrativas que o formaram. É, Bourdieu põe fim à ideia de que poderia haver algum tipo de autonomia nas nossas subjetividades.

Seguindo o seu pensamento, podemos dizer que a própria subjetividade – forma de perceber e apreciar o mundo, preferências, gostos, aspirações – estaria previamente estruturada e se caracterizaria pela sua relação com os interesses específicos de quem a produz e espalha. É desse modo que a estrutura de poder e a dominação econômica e, sobretudo, simbólica são (re)produzidas.

Para ele, as marcas de uma posição social, os símbolos que a distinguem e que a situam nas hierarquias, as estratégias de ação e de reprodução, as crenças, os gostos, as preferências – em resumo, as propriedades correspondentes a um "papel" são predefinidas. Esse processo pode se dar de duas formas.

Uma delas representaria um tipo de influência vertical e estaria relacionada às estruturas de poder (que comandam a produção cultural, a mídia…). Existe outra, a horizontal, associada à influência de quem faz parte do mesmo núcleo de representação. Tem a ver com os conceitos de tribo, estilo e gerações que surgiram com a pós-modernidade. Essa nova maneira de produzir identidade privilegia padrões de subjetivação "horizontais-comunitários" – aquilo que vemos fora de nós e trazemos para dentro de nós.

Um jeito de entender a combinação desses afetos é pensar na disseminação de "tendências" para consumo. Uma tendência é a identificação de um movimento, um comportamento ou uma necessidade emergente. A partir do mapeamento de um pequeno grupo de atitudes comuns, pode-se apostar que irá ganhar escala. A moda (ou modismo) é a confirmação da tendência.

O documentário *The September issue* e o filme *O diabo veste Prada* abordam essa questão ao retratar a vida de Anna Wintour, editora da Vogue América. Em uma das cenas do doc, ela se reúne com donos de fábricas, tecelagens e marcas para definir as cores da próxima estação. E aí vemos o poder do mercado para forjar o habitus.

As cores ofertadas partem de um núcleo de decisão. Depois são disseminadas pela mídia e pelas pessoas, criando o que "está na moda" e deve ser consumido. Até que alguém passa por uma vitrine, olha e diz: "Adorei, vou comprar". Assim a moda vai se espalhando até que mude a tendência ou a estação e surjam novos "gostos", enquanto acreditamos que seja um exercício de liberdade.

Parece natural. Pode ser uma chance de nos testarmos e nos vermos no mundo. Mas, como diz minha amiga Cris Guerra, "o ruim da moda é quando vira moda". A ideia de que é preciso seguir todas as tendências pode ser péssima para o planeta e para as pessoas. Além dos impactos ambientais, não posso deixar de reparar no potencial de uniformização e padronização. As pessoas vão ficando iguais, perdendo a autenticidade. E pior: vamos nos acostumando a gostar do que é igual.

Com isso, o "diferente" perde lugar. Vira exótico, com carga negativa. Isso contribui de forma subjetiva para querermos ser iguais, para "agradar", enquanto rejeitamos a diferença e não buscamos ser diferentes. "Quem não suporta o peso do imperativo pós-moderno começa a abandonar o próprio eu", diz Byung-Chul Han. "Copiar é precisamente a atividade que não admite qualquer iniciativa."

Em seu livro *Sociedade do cansaço*, Han faz uma analogia com o sistema imunológico: "A ação imunológica é definida como ataque e defesa. Nesse dispositivo imunológico, que ultrapassou o campo biológico adentrando no campo e em todo o âmbito social, ali foi inscrita uma cegueira: pela defesa, afasta-se tudo que é estranho".

O igual não leva à formação de anticorpos. Num sistema dominado pelo igual, não faz sentido fortalecer os mecanismos de defesa. "Eu não só vejo simplesmente o outro, mas eu próprio sou o outro e o outro torna-se igualmente eu." O cansaço profundo afrouxa as presilhas da identidade. Por todos os lados vemos somente "mais do menos eu", diz Byung-Chul Han.

"QUEBRE AS REGRAS" – é o que a gente escuta, mas tudo à nossa volta nos leva a buscar um padrão, um encaixe. Você pode mudar, ser o que quiser, desde que esteja dentro do aceito pelo imaginário social. O foco sempre é a escolha individual – sem considerar as consequências ou os impactos coletivos e sistêmicos. Eu acabei de falar sobre a moda, no entanto a indústria da propaganda é mestra nisso. Ela é totalmente feita para influenciar pessoas (se não influencia, ela quebra).

No primeiro episódio da série *Mad Men*, inspirada no surgimento das agências de publicidade em Nova York, o desafio é descobrir como anunciar um cigarro suspeito de causar câncer e sem muitos diferenciais. A solução encontrada é ignorar a saúde e focar o poder de decisão. Surge então a estratégia de desenvolver "universos de marca", em que cowboys e esportistas são usados para não apenas influenciar a escolha pela marca, como também incentivar o hábito de fumar.

Criar estilos de vida – referências – para as pessoas é o que movimenta o mercado, com a força do habitus. A sociedade "prospera" enquanto consegue tornar perpétua a aspiração e a não satisfação de seus atores. Ela nos diz que através daquilo que compramos podemos alcançar ou manter o papel que desejamos – ou que nos é imposto –, podemos desempenhar obrigações sociais e elevar a nossa autoestima.

"Um consumidor satisfeito é uma ameaça", diz Bauman. É preciso criar meios de obter respostas com prontidão aos apelos para "estar por dentro" – assim como para adquirir roupas ou acessórios exibidos em vitrines, revistas ou TV. Os apelos para "como ser" estão por todos os lados, em mensagens dizendo que precisamos nos manter no holofote, despertando atenção, desejo, aprovação e comentários, pois a invisibilidade e a inadequação equivalem à morte social.

A lógica consiste em querer reproduzir e manter um papel dentro das expectativas traçadas, seja de uma estética de corpo, de atitude ou de roupa, seja do que é ser homem ou mulher, bonito ou feio, jovem ou velho. Ou "velho-jovem". Carregamos desejos e preconceitos relacionados a qual corpo deve ser forte, qual deve ser magro, quem deve ter pelo e quem não deve. Os valores culturais do meio do qual fazemos parte determinarão, no detalhe, as caracterizações a serem seguidas.

Ainda fica pior. Faz tempo que essas narrativas não são mais exclusivas da produção cultural/propaganda. Agora são também construídas por "pessoas reais", expostas no palco público. Na simulação e no narcisismo em rede. Nos selfs colonizados para ganhar likes (ou encobrir a baixa autoestima). No "tá pago" pós-academia. Em tudo, há alguém ditando como devemos ser.

De forma intencional ou não, muitas pessoas ajudam a construir a ideia de que o corpo fora da moda, sem adornos ou tecnologias, não reformado ou trabalhado – fora do padrão do momento – é algo de menor valor. Para algumas pessoas, é algo de que se deve ter vergonha e resulta numa morte social. Mas parece que pouco se pensa sobre a contribuição disso também para a morte física, real.

No mundo todo, inclusive no Brasil – o país que mais faz cirurgias plásticas do mundo –, acontecem muitas mortes decorrentes de dietas e chás "milagrosos", pílulas que (não) secam, bariátricas de fundo de quintal, automedicação de hormônios, uso indevido de silicone industrial e mais um monte de sequelas e "fatalidades" cada vez mais comuns.

Bem, não vou atacar procedimentos estéticos e cirúrgicos. Acho que podem ser feitos por pessoas em busca de um ideal de beleza ou por quem se conhece bem e sabe o que quer. Mas não sou mesmo a favor de uma sociedade que estimula e transforma pessoas em mercadorias e aproveita-se disso de forma irresponsável, à custa de muitos corpos e vidas.

Os padrões estabelecidos estão sempre em conformidade com quem detém mais poder. Por exemplo, pelo que temos notícias, corpos de homens gays brancos, fortes, barbudos e capazes de expressar virilidade "valem mais" do que corpos gays "feminilizados", assim como "valem menos" os corpos de pessoas negras ou com deficiência. Paul Preciado fala bastante sobre isso em seus livros *Testo junkie* e *Um apartamento em Urano*. Para ele, está tudo conectado, e nada fica de fora:

"A decoração moderna é para a arte de habitar o que a heterossexualidade normativa é para o corpo desejante. Uma mesa e uma cadeira são um casal complementar que não admite nenhum tipo de pergunta. Um armário é um primeiro certificado de propriedade privada. Um abajur junto à cama é um casamento de conveniência. Um sofá na frente da televisão é uma penetração vaginal. Uma cortina numa janela é a censura antipornográfica que se ergue ao cair da noite."

Eu amo essa citação. Não só porque me faz pensar no quanto o mercado nos leva a agir de forma padronizada, dentro das suas opções, mas também porque Preciado transpõe aos objetos ideias que não são dos objetos – como muitas vezes acontece conosco. Penso no quanto isso é complexo. Só tenho certeza de que entender a lógica e refletir de forma mais crítica podem ajudar. Muito do que achamos que é para o nosso bem ou para a nossa liberdade é o que mais nos aprisiona. O que nos apresenta opções pode nos esvaziar, e o que nos seduz, nos escravizar. Já pensou nisso?

Assim como tantos padrões, os papéis de velho e de novo vão sendo construídos socialmente. A "sociedade do novo" desvaloriza a durabilidade, igualando "velho" a "defasado" – impróprio para continuar sendo utilizado e por isso deve ser destinado à lata de lixo. Surge então o "mito do novo", o qual colabora para que (além dos padrões de gênero, beleza, raça, classe...) se estabeleçam padrões de idade, aparência e comportamento.

Sim, não deveríamos comparar pessoas com coisas, mas não é assim?! A lógica é quase sempre igual. Você pode continuar usando algo velho se a aparência for de algo novo. Essa é a mensagem. Sob uma aparente sensação de liberdade e de valorização das pessoas mais velhas, o mercado e a produção cultural geralmente só "usam" o que é velho se ele tem aparência de novo: pele boa, cabelo tratado, imagem jovem. É ou não é isso que vemos (com raras exceções)? Vamos pintar o cabelo.

Pense em quem são as atrizes, celebridades e influenciadoras relevantes na pauta do etarismo. São as "mais bonitas", as mais conservadas, as mais ativas, as que muitas vezes têm o privilégio de recorrer às possibilidades de uma vida sempre aperfeiçoada e otimizada. Na vida real, muitas mulheres são colocadas para escanteio assim que perdem a "força de trabalho", a aparência jovem, a capacidade reprodutora. A não ser que o "cabelo branco" esteja na moda.

Você já deve ter ouvido que a nova geração é a que vai salvar o planeta, que a roupa nova é a que está na moda, que o corpo mais bonito é o novo, que o celular novo é melhor, que o carro novo é mais rápido. E aqui eu continuo comparando pessoas com coisas, mas não posso desconsiderar que, entre pessoas, a cobrança é diferente para homens e mulheres – ou "você não acha que o George Cloney ficou melhor com o tempo?", provoca minha amiga Ana Rodrigues.

Ele só não pode ser "safado". São outros os estereótipos criados em torno dos homens, como também em torno de outras figuras de acordo com sua classe e sua raça. Se vemos uma senhora negra (ou pobre) ser representada, ela provavelmente não tem aparência jovem, possui cabelos brancos, é gorda, com ar servil – como a Tia Nastácia. "Tudo contribui para que façamos um balanço contínuo do nosso estoque, para oferecer sempre um produto novo, a novidade do momento", diz Bauman.

Nada é à toa ou existe de forma isolada. Valorizar o novo e descartar o que é velho é lucrativo. Mas, enquanto a economia é aquecida, são estabelecidos hábitos, padrões e preconceitos que contribuem para um mal-estar gigante na sociedade, e ainda se acelera a devastação do planeta. "A obsolescência programada gera muito lixo no mundo.

A obsolescência perceptiva gera, além de lixo, etarismo, velhofobia e velhocídio", completa Ana.

Obsolescência programada é um produto se tornar inutilizável de forma proposital. Já a obsolescência perceptiva é uma forma de diminuir a vida útil de produtos que ainda são funcionais. O mercado lança produtos com aparência inovadora e mais agradável, com pequenas mudanças funcionais, dando aos modelos anteriores aspecto de ultrapassados. Solidez e consistência não são propícias para o consumo. Consumo e longa duração se excluem mutuamente.

As regras do mercado são prontamente absorvidas pela sociedade de consumidores e mercadorias, que vivem o ciclo do "compre, desfrute, jogue fora". Além de prejudicar o planeta, essas regras colaboram também para uma vida de conexões, relações interpessoais e parcerias seguindo a lógica do descartável, do passageiro e do contingente. Em camadas mais subjetivas, o esforço por estar sempre na moda pode contribuir com isso.

"Precisamos desconstruir a ideia de que o que é velho é ruim, triste ou desprezível; de que o que é velho precisa ser descartado; de que um rosto jovem sempre vende mais que um rosto velho." Sim. "Pessoas mais velhas com corpos jovens e rostos jovens cheios de creme e procedimentos estéticos não representam a realidade da maioria e contribuem pouco para essa mudança de paradigma", escreve Ana, em seu perfil @a.ana.rodrigues no Instagram, sobre mulheres 50+.

Empacotar. Generalizar. Normatizar. Criar padrões de comportamento e consumo é interessante, pois é muito mais fácil vender algo para muitas pessoas do que vender algo individualizado. Antes de pensarmos sobre quebrar as regras, devemos pensar sobre quem está criando tais regras, sobre quais são essas regras, sobre o que é o padrão e sobre o que é naturalizado. Talvez essa seja a única forma de conseguirmos de fato desconstruir aquilo que nos é imposto e muitas vezes nos aprisiona.

Eu me lembrei de *A vegetariana*, escrito pela sul-coreana Han Kang. Apesar do título, o vegetarianismo não é o foco. A decisão do personagem Yeonghye de deixar de comer carne, depois de adulta, parece ser o que move a trama, até percebermos que isso é apenas uma parte da sua vida e da sua transformação. Vi ali a conexão entre diversas pautas relacionadas à opressão.

O que mais me chamou atenção foi o fato de (não à toa) o romance não ser narrado pelo ponto de vista de Yeonghye – a não ser nas partes que contam seus sonhos. Acho tão simbólico que ela não narre a própria história... É como se sua autonomia fosse mais uma vez suprimida, reforçando algo que lhe foi podado a vida toda. Assim, o livro nos faz pensar sobre o nosso papel na sociedade.

E ainda nos faz pensar sobre os abusos e traumas provocados por uma sociedade patriarcal contra as mulheres. Sobre o machismo, que não é algo próprio da Coreia do

Sul – apesar das particularidades. Sobre um mundo no qual homens pensam ter domínio sobre todos os seres. Sobre um mundo em que mulheres devem ser obedientes. E sobre adoecer como resultado desse sistema, a ponto de se desconectar da própria humanidade.

A decisão de parar de comer carne pode ser vista como uma vontade de quebrar as regras, de romper com tudo. Ao mudar seus hábitos, Yeonghye busca refúgio em algo que não é considerado normal, o que traz diversas consequências para ela e para quem está à sua volta. Daí é curioso notar a reação de sua família, a qual age de forma extremamente violenta, apenas reforçando o que a protagonista viveu a vida toda.

Conforme vai mudando sua alimentação, Yeonghye muda e abandona determinados comportamentos considerados padrão. Alguns de seus novos hábitos são considerados indecentes pelo marido, como não usar sutiã ou ficar pelada em casa. Ele "instintivamente" tenta controlá-la. Então vai ficando claro que parte da violência contra sermos livres se dá pela naturalização de comportamentos esperados de nós.

O marido tenta, então, fazê-la "voltar ao normal". Ao notar que as tentativas de resgate não fazem efeito, apela para medidas drásticas, ainda que o normal para ele não seja mais o normal – e o natural – para ela. Lendo a história, refleti que, de uma forma ou outra, passamos por isso constantemente. O normal oprime – o "normal", definido sempre a partir dos olhos de quem (lê) vê, com base naquilo que vive, acredita, pensa... Infelizmente todas as pessoas são afetadas por isso em algum nível.

Agora vi uma conexão com uma outra passagem que eu amo, do livro *Cloro*:

"Imagine que você tenha escolhido passar a vida vestindo terno azul-marinho, porque é o que mais combina com você. Um dia, contudo, alguém lhe dá de presente uma roupa nova. Não é terno, nem azul-marinho. É um traje mais informal, mais claro, para vestir ao ar livre, à luz do sol. E você sai com aquela roupa, sem entender ainda se gosta ou não do efeito dela. E aí, pá: você morre inesperadamente, vestido de algo que não era você."

A vida não está ligada a coisas. Está ligada a quem realmente somos. Às vezes "a roupa aperta", e a gente sente rápido que precisa mudar. Às vezes a roupa não cabe, porque é de algum tamanho maior. É confortável, não incomoda, mas nem por isso serve. Só que é mais fácil ir levando... ainda mais se está na moda. O tempo todo nos dizem o que usar ou nos dizem que devemos trocar de roupas. Poucos nos dizem como podemos nos libertar delas.

APROFUNDAMENTO

PARA ASSISTIR

■ *Mad Men: inventando verdades*

A série de ficção, aclamada pela crítica e vencedora de vários prêmios, mostra as mudanças sociais e morais dos Estados Unidos na década de 1960, com o surgimento da indústria da propaganda. O protagonista Don Draper enfrenta dificuldades para permanecer no topo do mundo de grande pressão das agências de publicidade, mostrando que a "melhor saída" nem sempre é a que parece.

■ *O diabo veste Prada*

A comédia dramática é baseada no livro de mesmo nome, escrito por Lauren Weisberger. Conta a história da assistente de uma poderosa revista de moda e todos os dramas em que se envolve para equilibrar a vida pessoal e profissional, com uma chefe, no mínimo, "complicada". Apesar de leve e divertido, mostra um lado perigoso dessa indústria baseada em poder e aparências.

■ *The September issue*

O documentário mostra a criação e a produção da edição de setembro da revista Vogue americana, a mais importante do ano, por reunir o maior número de anunciantes e as tendências para a principal estação do ano. Conta com depoimentos de grandes estilistas, varejistas e colaboradores da revista, apresentando os bastidores do mundo da moda.

PARA OUVIR
■ *Podcast É nóia minha*

No episódio "É o fim das tendências?", Camila Frender, eu e o pesquisador de tendências Jorge Grimberg falamos sobre os impactos da pandemia na forma como líamos e replicávamos tendências. Este foi um dos episódios mais ouvidos e compartilhados do podcast.

PARA LER
■ *A agonia do Eros*

O livro de Byung-Chul Han diz que no "inferno do igual" (nossa sociedade atual) não mais nos encontramos. "O terror da imanência, que transforma tudo em objeto de consumo, provoca também o desaparecimento do outro, como sinal de uma sociedade cada vez mais narcisista."

■ *Se joga que aqui tem rede*

O livro, disponível gratuitamente na internet, é um "desmanual" para autoaprendizagem, que fala sobre a potência da diversidade, o preço da liberdade e a busca pela autoconfiança. Foi escrito de forma colaborativa por oito pessoas.

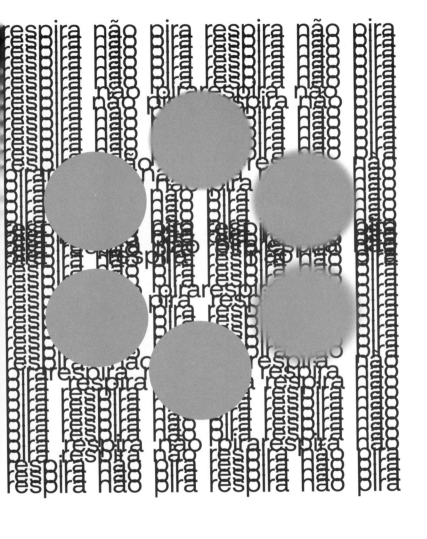

respira não pira

RESPIRA E NÃO PIRA

O documentário *Whitney: Can I be me* ("Posso ser eu mesma?") traz já no título o questionamento da própria artista sobre a possibilidade de ser quem realmente é – pessoal e artisticamente falando – no mundo cercado por aparências, fama e frustrações. Descoberta no início dos anos 1980, Whitney Houston teve sua carreira moldada para que fosse vista (como um produto) não como uma cantora com influências da música negra norte-americana (como ela gostaria) e sim como uma cantora pop, cujo estilo musical agradasse plateias de todos os tipos. Mas a opressão ia além, e o fim de sua história foi trágico.

O doc sugere que Whitney seria bissexual e teria mantido por anos um caso com a assistente Robyn Crawford, uma amiga do irmão da cantora, com quem chegou a dividir apartamento no início da carreira. Robyn era sua melhor amiga e seu anjo da guarda (pessoas próximas diziam). Elas se conheceram quando a cantora tinha 16 anos e trabalharam lado a lado por outros 20.

Reza a lenda que Cissy Houston, sua mãe, descrita como uma pessoa bem rígida, não aprovava o romance, e isso afetava demais a vida dela. O documentário sugere, inclusive, que, caso a matriarca tivesse outra postura, Whitney teria se relacionado menos com drogas e, provavelmente, ainda estaria viva.

Robyn era uma figura muito importante para Whitney, no pessoal e no profissional: "A orientava e a mantinha nos trilhos". Isso porque, diante de tanta opressão, "Whitney foi se tornando cada vez mais reclusa e menos capaz de lidar com o mundo exterior. Ela era uma alma sensível, e, sendo ridicularizada na imprensa, isso apenas se exacerbava", disse Nick Broomfield, diretor do doc.

O questionamento que dá nome ao filme fica ecoando como um grito – ou uma súplica – de alguém que nunca pôde ser ela mesma. A história sugere que Whitney tinha dificuldade de estabelecer relacionamentos e estava rodeada de pessoas que não enxergaram (ou não quiseram perceber) o quanto precisava de ajuda. Nem mesmo na própria família.

Whitney foi encontrada morta na banheira de um hotel de luxo. A causa oficializada: "afogamento acidental". Apesar de divulgarem que não foi encontrado nenhum tipo de droga na cena, havia indícios de cocaína no sangue, o que pode atribuir ao afogamento algum problema cardíaco em decorrência do uso (ou somado a ele). Identificaram-se remédios controlados em seu sistema, porém não em quantidades letais.

Exames toxicológicos indicaram que Houston era usuária crônica da cocaína, o que fez acenderem a especulação e o debate sobre o uso da droga e a opressão em que viveu. O documentário diz que ela teria sido introduzida às drogas ainda na infância e sugere que tentou desesperadamente abandoná-las por causa da filha (que mais tarde também se tornou usuária), mas não conseguiu.

A trama, cheia de reviravoltas e com um desfecho brutal, é própria de quem foi forçado a ocultar sua verdade para sustentar um personagem com caracterizações preestabelecidas. Terminou provando que nem todo o sucesso e o dinheiro conquistados foram capazes de torná-la livre.

Falar sobre drogas sem considerar o prazer e as motivações – nem sempre prazerosas – que levam as pessoas a consumirem é reduzir a questão de forma a talvez nunca solucioná-la. O discurso contra drogas geralmente foca os perigos e as consequências e responsabiliza individualmente as pessoas que fazem uso delas. "Se rendeu às drogas", você pode já ter ouvido.

Talvez mais perigoso do que as próprias drogas seja colocar a culpa (por todas as coisas) nas pessoas. Isso contribui com o preconceito e a estigmatização e, pior, não alcança a raiz da questão. São muitos os fatores que levam pessoas a se tornarem usuárias. Drogas podem ser válvulas de escape ou amortecedores para lidar com problemas dos quais não damos conta, por exemplo.

E aí, se entendemos as drogas dessa forma, deveríamos considerar problemáticos também outros consumos não proibidos. É importante compreender que existe uma máquina em volta de nós, a qual muitas vezes nos empurra para o vício. Poderia falar aqui sobre diversas outras coisas que não são chamadas de droga mas que igualmente causam dependência, como redes sociais, consumo, sexo, açúcar... Tudo tem o potencial de causar dependência.

Embora cada coisa tenha a sua complexidade de causas e impactos (não estou equiparando aos das drogas), é sobre a busca externa que deveríamos refletir e falar. Para o @fumantesaudavel, a campanha deveria ser: "Não use drogas para fugir dos seus problemas. As drogas acabam e os seus problemas não" – ainda mais se você tem mais problemas do que drogas.

Vivemos em um sistema que adoece as pessoas de várias formas, transforma-as em "dependentes" e depois as exclui e se volta contra elas. Por isso temos que estar sempre disponíveis para falar sobre substâncias, sem moralismo. Existem consequências do uso? Claro, como tudo o que é feito de forma banal e desmedida, sem conhecimento. Precisamos olhar a questão por outras perspectivas.

Conheço pessoas que fazem uso delas por prazer, outras para potencializar suas performances profissionais – para "dar conta". Pessoas que misturam com sexo, na intenção de desinibir e relaxar. Pessoas que são levadas por ondas sociais. Pessoas que as usam como medicina para ansiedade, estresse e diversas doenças. Mas minha intenção não é romantizar o uso.

Tem gente que, em vez de "alerta", fica alienada e inerte e que, em vez de relaxar ou "otimizar" sua performance, acaba com sua vida? Claro. Porém são muitas as causas que levam uma pessoa a chegar a esse ponto. Inclusive a ter uma overdose. Começa com as questões estruturais que as cercam e pode ter a ver com o modo como toda a questão é vista e tratada.

É natural querer tirar o máximo do que se tem – "aproveitar ao máximo". Mas, sem dúvidas, maximizar o prazer e o trabalho é um desejo da economia. "Nos manter dependentes, deprimidos, insatisfeitos e com falsas esperanças, é um projeto que contribui com o nosso desejo sempre por mais", diz Mark Fisher em *Realismo capitalista*. Em vez de compreendermos esse mecanismo, muitas vezes nos deixamos levar.

A abordagem das pessoas em relação a casos de overdose geralmente foca o consumo abrupto e compulsivo, sem considerar que pode ser apenas uma fatalidade, uma falta de cuidado ou de conhecimento. Uma consequência sistêmica. Mesmo em se tratando de um consumo abusivo, devemos sempre lidar com empatia e acolhimento, porque não sabemos o que se passa na vida das outras pessoas. Quantas não procuram ajuda por vergonha ou medo de julgamento...

Podem ser vários os motivos que levam as pessoas a fazerem uso de doses altas e a se darem mal, de motivos subjetivos a objetivos – como ansiedade de bater logo, falso efeito de sobriedade (já caí muito nessa), alta tolerância/resistência a algumas substâncias, falta de conhecimento, mistura com álcool ou outras combinações explosivas.

"Diálogo e informação são nossas maiores armas no auxílio às pessoas. Além de prevenir, com conhecimento sobre dosagem e combinações, pode ajudar caso algo aconteça. A estigmatização do uso só aumenta a distância entre quem precisa de ajuda e quem quer ajudar. Então cuidado nas misturas, informem-se sobre posologias, avise alguém que vai fazer uso, não tenha medo de pedir ajuda", diz o @fumantesaudavel em seu perfil sobre redução de danos no Instagram.

Vejo também benefícios para todas as pessoas em buscarmos não só reparação e redução do uso mas também prevenção de danos: "Trabalhando pelo cuidado, pelo acolhimento, pelo diálogo e pela construção de uma sociedade mais democrática, justa e livre. Inventando novas formas de envolvimento político, revitalizando instituições que se tornaram decadentes, convertendo o descontentamento privado em contestação politizada". Tudo isso pode acontecer, como diz Mark Fisher.

Muitas pessoas relacionam o uso à manutenção da saúde mental. Respiro. No entanto muitas vezes não vamos olhar a fundo para o que compromete a nossa saúde mental. Temos a tendência de relacionar ansiedade, estresse e depressão a desequilíbrios químicos no cérebro, mas pouco são levadas em consideração as causas sociais sistêmicas.

Dessa forma, procuramos somente soluções individuais para nos ajudar com o sofrimento, cada pessoa como pode. Mark Fisher, no livro *Realismo capitalista*, levanta algumas outras possibilidades e diz que "estar sujeito ao racismo, ao sexismo e a uma cultura competitiva aumenta a probabilidade de sofrimento mental". Há ainda outros fatores.

Na série *The crown*, um homem desempregado invade desesperado o quarto da rainha para falar a verdade sobre o que estava acontecendo com as "pessoas normais". Ele afirma que querem taxá-lo de doente enquanto seu problema é outro – a pobreza. Na vida real você já deve ter ouvido que "O Brasil me obriga a beber" – o meme dá conta da politização da saúde mental, denunciando a relação entre nossos afetos (o que nos afeta) e nosso mundo político e social.

"Visto a partir da perspectiva patológica, o começo do século XXI não é definido como bacteriológico nem viral, mas neuronal." Bem antes da pandemia, "doenças neuronais como a depressão, o transtorno de déficit de atenção com síndrome de hiperatividade, transtorno de personalidade limítrofe ou a síndrome de burnout circulavam exponencialmente entre as pessoas", diz Byung-Chul Han.

Para o filósofo e autor, há muito por trás. "Os males dos nossos tempos não só são frutos de violências sistêmicas, como são violências imanentes ao próprio sistema." Em seus livros, nomeia o sistema atual de sociedade de desempenho e do cansaço, fala sobre as consequências dele e aponta como principais causas o excesso de positividade e estímulos e a necessidade performática.

"Toda lamúria do indivíduo depressivo de que nada é possível só se torna possível numa sociedade que crê que nada é impossível. O excesso da pressão por desempenho leva a um infarto da alma." Vamos nos perdendo e perdendo a nossa essência para nos adequarmos àquilo que (acreditam) acreditamos que seja o melhor ou certo a seguir. "O sujeito de desempenho encontra-se em uma guerra constante consigo", mesmo que não se dê conta ou que só sinta as consequências.

"A síndrome de burnout não expressa o eu esgotado, mas antes, a alma consumida." Algumas pessoas conseguem se recuperar desse infarto, em algum momento entendem a necessidade de realmente mudarem de vida. Muitas conseguem enxergar, mas não conseguem mudar por falta de apoio e de estrutura (e mais um monte de necessidades).

Outras só pioram, com consequências que são também físicas, que vão de sequelas até a própria morte do corpo.

O imperativo do desempenho como um novo mandato da sociedade pós-moderna está presente em tudo (não só no trabalho). Neste livro eu mostro a relação dele com a beleza, o sexo e as redes sociais e poderia fazer mais analogias. O que é considerado como "fracasso" da performance corresponde ao fracasso do Eu, e isso afeta mais a nossa cabeça do que qualquer droga. E ainda fica pior.

Tudo está acontecendo sob uma falsa sensação de liberdade, que envolve as pessoas nessa trama de maneira quase perversa. Continuamente a intenção do sistema é elevar a performance, a produtividade, o prazer, o consumo; rotular e separar pessoas. Só que, para isso, o paradigma da disciplina (ao qual creditávamos nossos resultados) é substituído pelo paradigma da liberdade.

Assim, o sujeito de desempenho se entrega à livre coerção para maximizar a sua performance e otimizar e melhorar sua vida – dentro dos critérios que estão validados pelo sistema. Para Byung-Chul Han, "o excesso de desempenho agudiza-se numa autoexploração. Essa é mais eficiente que a exploração do outro, pois caminha de mãos dadas com o sentimento de liberdade. Por isso, a sociedade do desempenho não é uma sociedade livre". Ela gera novas coerções.

Chovia e ventava muito. Eu estava com uma sensação estranha. Entrei para zapear o Instagram, e a primeira história que vem é esta: "Pessoal, perdemos a Ygona". Wow. Eu tinha alguma esperança de que isso não fosse acontecer (mesmo contrariando todas as perspectivas). Ela estava internada, entubada e em coma há alguns dias, sem previsão de alta. O diagnóstico era covid-19, mas não foi disso que morreu.

Dias antes de ser hospitalizada, Ygona havia minimizado os riscos da pandemia. Chegou a falar de ter ido a uma festa. "Gente, que noite foi essa? Noite de aglomeração com sucesso. Aglomerei mesmo e recebi bem pra isso." Depois, no hospital, um post dela deitada em uma maca, com marcação da música "Indestrutível" da Pabllo Vittar, trazia o apelo: "Gente, quem gosta da Ygona peço que orem. Hoje ela teve uma crise muito forte e está desacordada". No respirador.

Ygona Moura se apresentava como influenciadora digital. Era travesti, negra, gorda e PCD. Expulsa de casa por preconceito da família que não a aceitava, ficou na rua e em seguida foi morar num abrigo. Apesar da vida triste, era espirituosa. "Uma fábrica de memes" (diziam). Começou a ganhar seguidores, fã-clubes e "homenagens", figurando entre o entretenimento e a chacota pública – naquele limite tênue no qual as pessoas riam com ela ou riam dela.

Seu sonho era ser celebridade. Certa vez um amigo tentou arrumar um emprego para ela (que nem os estudos conseguiu concluir) e ouviu-a dizer que "queria mesmo era um celular melhor para poder produzir conteúdo" (foi quando resolveu fazer uma vaquinha on-line e ficou mais famosa). Muita gente julgou, mas estaria ela errada de querer isso e não ser caixa de supermercado (ou qualquer outro emprego digno arrumado em agências de emprego para pessoas trans)?!

Com o celular novo as produções aumentaram, porém seus vídeos perderam a graça para mim. Não conseguia rir dos seus desabafos com sinais de desequilíbrio, das denúncias de ataques e opressão. Ela expunha sua rotina, e eu me preocupava com a sua alimentação, que, como tudo, era bem precária: McDonald's, biscoitos, refrigerantes no café, no almoço e na janta. Não foi à primeira vista que entendi que não era só um "gosto destrutivo".

Quando um corpo tem expectativa de vida curta, que tipo de vida pode ter? Você teria medo de viver ou de se arriscar caso vivesse com a ameaça de morrer – por causa de fome, transfobia, violência doméstica, bala "perdida" – a qualquer momento? Certa vez o próprio irmão a ameaçou com uma faca. Em um outro vídeo polêmico, ela disse: "Gente, é isso, se morrer de covid, morreu. Pelo menos viveu". Poucas pessoas entenderam o que ela estava dizendo. E tome ataques e memes.

Apesar das polêmicas, seu perfil crescia. Toda vez que era cancelada, bombava. Excluída a vida inteira, pela primeira vez estava sendo incluída no rolê, sendo chamada de "amiga e amada" por pessoas brancas e celebridades. Pouco antes de morrer, estava superfeliz por ter conseguido alugar uma casinha. Como influencer, durante a pandemia ela estava indo a festas que pagavam cachê pela presença – festas que estavam proibidas de acontecer (está entendendo a complexidade?).

Em resposta à notícia da internação, deboche e desaprovação. Algumas pessoas satirizaram com a frase "Partiu aglomerar". Um monte de gente desejou sua morte. Outras desejaram melhoras, mas relembraram: "Na hora de debochar do Covid-19 e das medidas profiláticas cê fez né? Desejo que você melhore sim e que aprenda essa lição", disse uma seguidora.

Infelizmente ela aprendeu com a própria vida. Pagou confirmando as estatísticas. "através da cortina de representatividade, de falsa positividade e aceitação das belezas possíveis, existe uma expectativa de etiqueta a quem damos grandes plataformas. nesse parâmetro moral não cabe o erro, o desânimo que é resumido em ingratidão", postou @matheusadossantos sobre a notícia.

"pessoas trans e travestis vivem aproximadamente até os 35 anos. jovens negros são a classe mais morta do nosso país. mas isso não é só expectativa. também é sentimento, é vontade de comer todos os combos de lanche e ir a todas as festas que der. porque não tem amanhã desde o dia que você nasceu. porque o corredor pra morte está posto, claro e com uma cereja em cima."

Triste. Ela não tinha medo de morrer, porque morrer cedo era a estatística. "Mas também um sentimento duradouro e torturador." Entendeu por que ela morreu? Covid foi apenas o sintoma. Ainda mais se considerarmos que são maiores as chances de complicações em pessoas negras, periféricas, com comorbidades... Ygona foi mais um corpo que não teve chance de respirar.

OLHE PARA DENTRO. Tem dias que acordo e penso: eu não aguento mais não aguentar mais. Preciso respirar. Leio sobre yoga, meditação e minimalismo – comportamentos que se disseminam como resposta a uma vida sobrecarregada. Agora mesmo, estou quase pirando aqui. Ainda cheio de coisa para escrever, com vários ensaios listados, abertos. Pesquisando. Às vezes sinto que estou só abrindo janelas e não estou atravessando nenhuma. Me sinto perdido. Me sinto sozinho.

Notícias ruins? Prefiro não ler. O mundo dá sinais de sobrecarga e exploração, assim como nós. É ruim ficar remoendo tais acontecimentos. Dormir tem se tornado cada vez mais difícil. Fico fritando na cama à noite. Acordo muito cedo pensando no que tenho que fazer. Vou logo trabalhar. É o que me mantém ocupado por 12, 14 horas por dia – e me livra da depressão. Não quero ter de novo.

Você já deve ter ouvido ou até falado algumas dessas frases. Eu já, com certeza. Até começar a entender que aquilo que nos oprime e as alternativas buscadas são diferentes para cada pessoa. Enquanto há quem reclame de muito trabalho ou de um trabalho exaustivo, há quem não tenha emprego. Enquanto há quem possa parar para meditar, há quem possa morrer se fechar os olhos.

Mas calma, estou falando tudo isso não para causar em você algum tipo de culpa pelos seus privilégios (ou o que acha que é privilégio), nem mesmo para insinuar que "fique bem" com algo que lhe faz mal, como com um trabalho, somente por ter um. Também não quero ranquear sentimentos de opressão ou julgar alternativas encontradas. Cada pessoa é única e sabe o que se passa dentro de si.

Estou falando tudo isso para convidar você para refletir sobre como o sofrimento psíquico e a saúde mental se tornaram pontos de referência do individualismo. O estímulo incessante para "olhar para dentro" tem o potencial de individualizar problemas e de não estimular a reflexão sobre questões estruturais que possam estar impactando a vida de mais pessoas.

Para começar a escrever este texto, fiz uma busca por "pandemia e saúde mental". O primeiro resultado da pesquisa foi uma espécie de mensagem padrão, do próprio Google, com frases e links organizados, que diziam: "SUPERAÇÃO – Problemas de saúde mental são comuns. Pare, respire, pense. Mantenha uma rotina saudável. Seja gentil com você e com os outros. Peça ajuda se precisar. Consulte um médico de confiança para receber orientações adequadas."

Eu leio e penso que vivemos tempos duros, tão utópicos quantos distópicos, e a ideologia neoliberal quer a todo momento jogar nas costas das pessoas a responsabilidade por seus problemas e pela cura deles. "É comum." Se você tem um problema de saúde mental, é você que deve superá-lo. Como se ter uma rotina saudável em meio a um mundo caótico fosse somente questão de vontade.

Para nos ajudar, a mensagem que mais recebemos é: "Respira, inspira". Certamente não sou contra respirar, mas percebo que a superficialidade desses discursos, e até mesmo do conceito de saúde mental, traz aquele outro problema que mencionei: a individualização (do sofrimento) da saúde mental.

Durante a pandemia vimos diversas "pessoas de bem", amigos e amigas próximos até, pessoas que amamos e confiamos, "buscarem um tempo e um espaço para respirar": uma viagem para Bahia ou para a Amazônia, atrás de um "respiro" para "melhorar a saúde mental" após um ano muito difícil. E fizeram isso mesmo sabendo de todos os riscos envolvidos e as previsões (que se confirmaram).

"A noção de que a saúde mental é algo circunscrito aos limites do próprio indivíduo tem a ver com uma lógica atomista liberal, que tenta explicar a realidade sempre a partir da experiência individual deslocada da realidade social. Neste cenário o sujeito é compreendido como 'proprietário de si' – o que lhe daria o direito incontestável de fazer uso como bem entender do 'corpo propriedade' – ignorando que ninguém vive isolado no mundo, mas sim em relação com outras pessoas", diz Dassayeve

Távora Lima, psicólogo e mestrando em Psicologia e Políticas Públicas.

O enfraquecimento do isolamento social sob a justificativa de que é necessário "respirar" para o bem da saúde mental também reforça a lógica individualista. "Que saúde mental é essa que demanda aglomerações, que ignora mais de 200 mil mortos no país?"; "E como fica a saúde mental de quem perdeu entes queridos?" – questiona Dassayeve em seu perfil @saudementalcritica. Para ele é urgente discutir saúde mental por uma perspectiva coletiva e politizada.

"Consulte um médico de confiança para receber orientações adequadas" é a última mensagem do resultado da busca. Quem tem a chance de procurar um, muitas vezes recebe, junto com o diagnóstico, a prescrição de medicamentos para "regular" algum desequilíbrio. Sem querer demonizar o uso de medicamentos nem quem encontra alívio no uso, porque não podemos negar que eles dão conta de tratar consequências, no entanto "os remédios resolverão os mal-estares das doenças a que se dirigem, mas não o mal-estar de viver", diz o psicanalista Jorge Forbes.

Não considerar as causas sociais sistêmicas e os impactos diferentes em diferentes grupos faz com que a gente viva sempre remediando (com trocadilho), sem tratar a causa. Só muda a droga. Há diversos autores que estudam o tema, mas essas ideias não chegam ao senso comum. Christian Marazzi, por exemplo, pesquisa as conexões entre o aumento da bipolaridade e o contexto do pós-fordismo. Ele acredita nas relações entre "desenvolvimento" e adoecimento.

Para Deleuze e Guattari, a esquizofrenia é a condição que demarca os limites exteriores do capitalismo, sendo o transtorno bipolar a patologia mental própria ao "interior" do capitalismo. Mark Fisher diz que "o capitalismo alimenta e reproduz as oscilações de humor da população em um nível nunca visto em outro sistema social". Oliver James aponta para significativos aumentos nos índices de "transtornos psíquicos" junto à industrialização. O psicólogo Jay Watts defende que "estar sujeito a demissão e a uma cultura competitiva aumentam a probabilidade de sofrimento mental".

Lucas Veiga, que é especializado em psicologia preta, afirma estar certo de que o sofrimento psíquico é um problema político. "Sintomas como ansiedade, depressão, compulsões, insônia e burnout estão cada vez mais presentes na clínica. Não podemos escutá-los como quadro de saúde mental de determinado paciente. Estes sintomas são produtos da situação que estamos vivenciando, efeitos diretos na saúde das pessoas provocados pelo contexto político." Para ele, promover saúde mental no Brasil passa, necessariamente, por distribuição de renda e justiça social.

"Se o adoecimento psíquico é efeito de como a sociedade é organizada e gerida, a promoção de saúde mental só é verdadeiramente efetiva quando novos modos de organização social e política são construídos. É neste ponto que a clínica e a política se transversalizam. Por mais fundamentais que sejam as terapias de cuidado como psicoterapia, yoga, meditação e afins, elas são insuficientes quando se trata, por exemplo, de pessoas em situação de extrema vulnerabilidade. Não há terapia capaz de reduzir a ansiedade de uma mãe que não sabe se vai ter o que dar comer aos seus filhos."

Jay Watts diz: "Governos e farmacêuticas não estão tão interessados em novos formatos, financiando estudos que analisam a genética e biomarcadores físicos em oposição às causas do ambiente do sofrimento. Há pouca vontade política de relacionar o aumento do sofrimento mental com desigualdades estruturais, embora a associação seja robusta e muitos profissionais pensem que esta seria a melhor maneira de enfrentar a atual epidemia de saúde mental".

A individualização dos distúrbios mentais é estritamente proporcional à sua despolitização. Considerá-los um problema individual é uma vantagem enorme para o capitalismo e para os sistemas políticos dominantes. Primeiramente, porque cria um mercado lucrativo demais para multinacionais farmacêuticas e todo mercado de "coisas". Em segundo lugar, porque não estimula a mobilização coletiva para resolução daquilo que precisa ser feito. "Mitigar nossas possibilidades de articulação e vínculo faz parte do projeto de poder dominante", afirma Lucas Veiga.

Entre as toxinas e os entorpecentes do capitalismo, a necropolítica daqueles que têm o poder de governar, passando pelas síndromes ~~de impostoras~~ impostas pela cultura meritocrática, repolitizar a saúde mental através de uma perspectiva coletiva é urgente. Como me disse Lucas em uma live no Instagram, "se entendemos que o sofrimento psíquico é um problema político, podemos canalizar as forças que temos para a resolução do mal-estar real". Devemos buscar resoluções coletivas, que precisam andar em paralelo a necessidades pessoais.

Lendo e escrevendo tudo isso, eu penso que para algumas pessoas o problema é o dinheiro. Para outras, nem o dinheiro nem a fama são capazes de trazer a liberdade pretendida. Enquanto houver opressão, enquanto houver desigualdade, as pessoas não terão os mesmos direitos. As soluções individuais podem resolver por um tempo, mas, se nem todas as pessoas puderem ser realmente livres nas suas subjetividades, em algum momento a conta chega para o grupo.

"Estamos vivendo o colapso do sistema e da natureza. Devemos lembrar que não estamos sozinhos. Está todo mundo com a mesma sensação de fim dos tempos. Talvez seja o começo de outros", disse o artista Felipe Morozini em suas redes. No entanto, para que seja de fato o início de um recomeço, faz-se necessária uma nova mentalidade e uma nova forma de liberdade, mais inclusivas, empáticas e coletivas. Caso contrário, respirar continuará sendo um privilégio e não um direito.

APROFUNDAMENTO

PARA LER

■ *A voz na sua cabeça: como reduzir o ruído mental e transformar nosso crítico interno em maior aliado*

Eleito um dos melhores livros de 2021, tem o propósito de mudar algumas das conversas mais importantes da sua vida – aquelas que você tem com você. Entrelaçando pesquisas científicas inovadoras com estudos de caso e ótimas histórias reais, Kross mostra como reverter o ruído interno e usar o falatório mental a nosso favor.

■ *Neoliberalismo como gestão do sofrimento psíquico*

O livro organizado por Vladimir Safatle, Nelson da Silva Junior e Christian Dunker explica como o modo de produção neoliberal construiu uma nova forma de sofrimento que se entranhou em nossas vidas. Funciona como antídoto e resposta aos manuais de gerenciamento e motivação e às narrativas de sucesso e coaching, que produzem pessoas estruturadas como uma empresa.

■ *Clínica do impossível: linhas de fuga e de cura*

Lucas Veiga propõe um debate sobre como o racismo afeta a saúde mental da população negra, uma vez que o colonialismo imprimiu uma determinada forma de pensar, de sentir e de viver que segrega pessoas. O livro é um convite para que cada pessoa negra possa criar suas linhas de fuga e suas estratégias de afirmação da vida em um cenário de opressão racial para, enfim, ser livre.

■ *Realismo capitalista*

O livro do filósofo e crítico cultural britânico Mark Fisher apresenta as principais características do "realismo capitalista", conceito que delineia a estrutura ideológica em que estamos vivendo. Usando fortes exemplos, argumenta que o realismo capitalista captura todas as áreas da experiência contemporânea, apesar de todas as inconsistências e falhas.

■ *Observações sobre um planeta nervoso*

"Como se manter são em um planeta desequilibrado? Como se manter humano em um mundo tecnológico? Como ser feliz e leve quando se é encorajado a ser ansioso?" Essas são algumas perguntas que Matt Haig busca responder neste livro, que tem como base a sua própria tentativa de superar a depressão e encontrar equilíbrio na vida.

■ *Pra quando você acordar: crônicas de saudade e espera*

Bettina Bopp escreveu cartas ao irmão, que ficou em coma durante 15 anos, contando o nascimento do sobrinho, o cotidiano da família, o dia a dia do tratamento... Nesses registros, aparentemente íntimos e particulares, surgem questões e sentimentos universais emocionantes.

salve o
~~futuro~~
presente

SALVE O FUTURO

Quem vai salvar o futuro?

Você já deve ter ouvido que será a "nova geração". Pode ter visto ou lido em matérias e relatórios divulgados por agências de publicidade e reports sobre tendências. Ou até mesmo assistido em chamadas e propagandas de grandes marcas.

Temos acompanhado crianças fazendo greves nas escolas, em protesto ao futuro que lhes foi tirado. Muitas já crescem com novos hábitos, o que nos enche de esperança. Mas você não acha que seria no mínimo injusto colocar a responsabilidade de resolver o caos que foi criado por gerações anteriores nas mãos de quem está chegando agora e vai sofrer todas as consequências, caso haja futuro?!

Bem, pelo menos eu acho. E mais: além desse discurso ter o potencial de reforçar o etarismo – preconceito com pessoas mais velhas, como se somente pessoas mais jovens tivessem algum poder na sociedade –, há algo maior por trás, e não é só que a "mudança" está vindo e parece que nunca chega, afinal, essa crença já circulou diversas vezes no passado.

"Boomers", "millennials", "geração Z" – você já deve ter ouvido falar também. O conceito de estudo de gerações a partir de análises de comportamento da juventude nasceu na década de 1940, quando a separação entre infância e vida adulta passou a ficar mais definida na sociedade. Nos anos 1970, a população jovem (até 25 anos) representava quase metade dos EUA, o que aumentou o apelo para falar de tendências, consumo e comportamento tendo jovens no centro.

Depois começaram a surgir "nomes" usados para classificar e definir as características e os comportamentos das pessoas nascidas em um período da história. A teoria construída é a de que pessoas podem ter um mesmo perfil de comportamento – principalmente de consumo – de acordo com um recorte no tempo. No caso, eu seria um millennial por ter nascido em 1980.

Millennials presenciaram uma das maiores revoluções na história da humanidade: a internet. Com ela – ou por conta dela –, veio a globalização (se tivessem tatuado uma palavra, seria essa). Cresceram com o desenvolvimento da tecnologia digital, dos dispositivos móveis, dos aplicativos, dos ambientes virtuais e da autopublicação (ou essa). Pegaram também o início de grandes revoluções ideológicas.

Testemunharam mudanças de visões políticas e existenciais. Viram revoluções nas relações. Cresceram com muitas possibilidades de escolha e com acesso livre à informação, através de cada vez mais canais e com bastante estímulo a se reinventarem nas crises. Há reports dizendo que são pessoas preguiçosas e narcisistas, que ficam entediadas facilmente e querem gratificações instantâneas.

Dizem que não se sujeitam a tarefas subalternas de início de carreira, preferindo pular de freela em freela do que ficar em uma única empresa, e que continuam morando com pais e mães até mais tarde por falta de dinheiro. Há ainda pesquisas mostrando serem a geração que começa a pensar em propósito e que é bastante preocupada com o meio ambiente e causas sociais.

Ao mesmo tempo, dizem que é uma geração ávida por inovações tecnológicas, que se afastou do off-line e da natureza e que vive grande parte de suas experiências em telas. Exausta. Não à toa é chamada de Geração Burnout. Ela "não aguenta mais não aguentar mais", como diz Anne Petersen. Talvez por isso falem também que millenials estão secando a produção de café do mundo.

Apesar de millenials não serem mais a bola da vez – agora é a geração Y, a mais nova, formada por "todos aqueles que nasceram entre 1995 e 2015" (está assim no Google, acabei de conferir) –, por aqui eu vou continuar focando o meu lugar de fala. E posso dizer que muitas das previsões falharam para mim (e para você?).

Não só por ter começado minha carreira sem muito glamour ou muitas escolhas, trabalhando informalmente como office boy, ou por não ter morado à custa do meu pai e da minha mãe – pelo contrário, precisei sustentar minha mãe. Não só por nunca ter gostado de café ou não ter tido internet em casa desde o seu surgimento. Mas também porque eu sou uma pessoa única (e você também), e não há nada no meu DNA que garanta que eu me comporte de acordo com as pesquisas.

Simultaneamente, percebo que a vida da minha mãe também foi muito impactada pela tecnologia. Ela também se afastou da natureza e vive exausta, convivendo com o mundo entre telas. Pelo fato de ser surda, tem mais facilidade de estabelecer trocas em ambientes virtuais. Por outro lado, minha irmã, que é de uma geração anterior, se comporta bem mais como millennial do que eu.

Claro, os impactos da tecnologia na minha vida foram diferentes do que nas da minha mãe e da minha irmã; eu entrei no mercado de trabalho quando o mundo passava pela transição. Mas é assim com tudo: cada pessoa tem seus tempos e movimentos. Outras, que já estavam no mercado de trabalho, também foram afetadas pelas novas tecnologias. Pensar em gerações da forma como nos vendem – ou como muitas empresas entendem – seria considerar que não existem diferentes realidades.

A premissa desses estudos é que as gerações sofrem impactos do que está acontecendo no mundo. Concordo. Quer dizer, em partes. Muitas pessoas podem ser (ou não) impactadas. Quando se nasce em meio a uma grande crise, por exemplo, pode-se ter uma vida mais dura. Mas depende de qual crise... A crise que vivemos raramente é a mesma e não afeta a todas as pessoas da mesma forma.

Tem gente que ganha muito dinheiro na crise, e quem nasce nessas famílias certamente terá uma vida diferente de quem é vítima da crise. Quando se nasce sob o comando de governos extremistas, a sua vida pode sofrer influência. Sim, mas vale lembrar que tem muita gente que se beneficia de ideias estúpidas, e isso não tem a ver com faixa etária. Esses são apenas alguns casos, e aposto que você consegue pensar em outros.

Entendo que existam fenômenos relacionados a idades. A psicologia (não o mercado) explica bem. Por exemplo, jovens – independentemente da geração – têm tendência a serem mais narcisistas e rebeldes. Esse comportamento tem a ver com o estágio de desenvolvimento. Só que até isso deve ser diferente para cada pessoa de acordo com a criação, as mensagens que recebem... e, claro, pode ser potencializado por alguns movimentos do mundo, mas não será igual com todas as pessoas.

O mundo está mais conectado. Isso muda muita coisa. Mas qualquer pessoa, independentemente da faixa etária, teve que "entrar na internet" e corre o risco de virar um meme a qualquer momento ou morrer vítima de "selficídio culposo" (pessoa que morre sem querer fazendo uma selfie – tem várias, busque na internet). Ah, e ser cancelada (custando às vezes a própria vida) também pode acontecer com qualquer pessoa – dizem. Será!?

Está cada vez mais evidente qual tipo de pessoa é cancelada. A real é que muitas previsões falharam, e outras não valem para todas as pessoas. As mudanças e os movimentos sociais podem impactar a nossa vida, e talvez o que esses reports digam é que existe a "tendência" de pessoas que fazem parte de determinado grupo se comportarem assim, porém é algo menos rígido do que o conceito de gerações rotuladas faz parecer. Não existe "todo mundo".

Mas faz um teste aí: digita "millennial" no Google e busque por imagens. Você verá fotos de grupos majoritariamente formados por pessoas brancas, com cara de "descoladas" e gringas. Não é à toa. Muitas vezes, essas pesquisas são fruto de análises gringas mesmo. Você acha que características relacionadas a esse grupo valem para todas as pessoas, tipo indígenas, pessoas em periferias...? Eu contei um pouco sobre as diferenças na minha vida – e olha que sou um homem branco e, apesar de "classe média baixa", nasci com muitos privilégios.

Além do ano de nascimento e das mudanças sociais, outros fatores explicam mais o nosso comportamento, como recortes de classe, raça, gênero e localização. Quando falo sobre a importância de pensarmos em grupo, de olharmos para o coletivo e de considerarmos os impactos estruturais e sistêmicos, não é dessa forma generalizada. É preciso olhar para particularidades, considerar as interseccionalidades.

O sociólogo Bobby Duffy disse à The New Yorker que "é hora de parar de falar de gerações" (na matéria que leva esse título). Adam Cover diz em uma palestra (no YouTube) que "millenials não existem" e que esta pode ser considerada a geração mais divergente de todos os tempos. Para eles, o mercado quer fazer as pessoas acreditarem que são todas iguais, porque aí é mais fácil influenciar seus hábitos e vender a mesma coisa para todas elas. O que você acha?

Por trás da cortina de fumaça das gerações, há algo que se perde. Uma conversa importante, cada vez mais acalorada e que divide opiniões – nas rodas de conversa, na mídia e na produção cultural: "quem vai salvar o futuro são as pessoas ou as empresas?". Falei sobre isso em *Como salvar o futuro*, e do lançamento para cá algumas ideias ficaram ainda mais claras.

É muito provável que o maior poder individual esteja nas mãos de "velhos boomers" que atuam na política, em grandes empresas e no mercado financeiro. Isso, precisamos sempre nos lembrar de que por trás das instituições estão pessoas. E nessa aparente polaridade, não existem "empresas" (ou instituições) versus pessoas. Existem pessoas com mais ou com menos poder.

O documentário *Cowspiracy* foi superimportante para a minha tomada de consciência em relação aos impactos da pecuária extensiva, resultando na mudança da minha alimentação. O filme começa com Kip contando a descoberta de que aquilo que compra, seus banhos mais curtos, a ida ao trabalho de bicicleta e outras "pequenas atitudes" não tinham impacto no mundo, considerando o quanto era gasto de água ou energia por parte de grandes empresas.

Eu entendo. Mas há algo de perigoso nesse discurso, que é invalidar atitudes individuais. Ele não considera que, ao buscar mais consciência para nossas ações, podemos nos tornar mais exigentes e ter pensamento crítico. A mensagem truncada, constantemente ventilada, é de que não temos poder e que, quando temos, se limita ao nosso consumo. Isso sugere que o poder das empresas se resume ao que "entregam" – o que é produzido e a forma como é produzido. Não é bem por aí.

Não são todas as pessoas que podem escolher o que querem consumir, por isso não podemos considerar que o "consumo é o novo voto". As nossas escolhas e o que compramos importa e podem ajudar a "financiar" iniciativas em que acreditamos. Mas ao mesmo tempo esse discurso reforça a sociedade de consumidores, penaliza quem não pode escolher o que consumir e, no final das contas, não resolve muito, pois pouca gente sabe analisar e avaliar o que compra.

Fora o consumo, as nossas atitudes individuais – como reciclar lixo, economizar energia ou fazer compostagem – têm o potencial de nos fazer refletir sobre o que consumimos, sobre o que jogamos fora, sobre nossos hábitos, e isso pode ser muito bom. Para mim, ajudou demais: me reaproximou da natureza e colaborou com um pensamento mais crítico. Justamente por isso, reconheço que não apenas por eu tomar essas atitudes o mundo vai mudar. Só que nem por isso eu deixo de fazê-las.

Diante da noção de que nossas ações são importantes, mas não são suficientes, é preciso (não renunciar a elas) pensar em como amplificá-las, em como transformar algo individual em movimento coletivo, para que se espalhe por grupos, criando de fato movimentos que possam ser capazes de promover mudanças sistêmicas, estruturais. E não é romântico pensar assim – é prático. A transformação precisa começar de algum lugar.

Ao lado da tentativa de invalidar as ações individuais está a falsa ideia de que o maior impacto das empresas está relacionado ao uso de matérias-primas ou formas de produção. Sem dúvidas os estragos são absurdos. Muitas empresas lucram com a devastação do planeta, e enquanto elas tiverem lucro é muito <u>improvável</u> que se movam no sentido da transformação. Mas é pior do que isso: muitas vão fazer de tudo para manter as suas estruturas de poder.

Há grandes empresas que financiam partidos políticos, estão nas bancadas, têm o poder de decidir quem querem ou não no comando (de um país, inclusive) e fazem todo o tipo de lobby, suborno e o que mais for preciso para manter a roda – que explora pessoas e o planeta em busca de crescimento e lucro sempre crescente – girando. Essa parte é bem explanada em *Cowspiracy*, ao mostrar o envolvimento político das grandes empresas, denunciando inclusive a morte de ativistas.

Os filmes *A corporação* e *A nova corporação* também apresentam essa realidade ao desafiar corajosamente um dos principais protagonistas do capitalismo contemporâneo: as empresas. Através de entrevistas e casos, mostram como o domínio das corporações sobre a sociedade e os governos está sendo justificado por uma astuta roupagem de "entidades socialmente responsáveis".

Some a isso o poder de produção cultural, que também é político – no mundo todo há organizações financiando fake news e gabinetes de discursos de ódios. Ainda precisamos considerar o poder de construir e disseminar histórias não somente nos bastidores mas também em campanhas – que separam e individualizam e têm o potencial de reforçar padrões opressores, estimular o consumo desenfreado ou manipular a opinião pública –, ou você acha mesmo que o agro é pop, o agro é legal?!

Diante desse cenário, a "compra consciente" e até mesmo o boicote individual não são capazes de alterar o sistema. Nossos hábitos particulares, isolados, não serão capazes de salvar o futuro. Recebemos notícias de pessoas nascidas recentemente que têm novos hábitos de compras e de alimentação e que "vêm com um novo chip", mas, se juntássemos todas as pessoas nascidas nos últimos anos (e se todas fossem iguais), ainda assim elas seriam a minoria. É preciso mais gente.

Se as atitudes das empresas são políticas, pessoas que não têm poder de decisão e impacto individual precisam se organizar para atuar em micro e em macropolíticas. Juntar a maioria pode trazer mais força política, e por isso é fundamental a consciência individual. O que fazemos importa, sim, mas é preciso (fazer) ir além do consumo, colocando em prática também nossos direitos e deveres. Votar, cobrar candidaturas que apoiem o clima e a sociedade. Influenciar ou barrar projetos de leis. Acompanhar.

Pessoas mais responsáveis pelos seus atos, mais conscientes de si e do que acontece no mundo, mais próximas de questões ambientais, mais sensíveis a questões coletivas – seja por uma cultura de aprendizagem, seja por necessidades próprias –, podem estar mais propensas a votar por pautas que sejam coletivas. Por outro lado, o narcisismo, a alienação e a falta de educação (informação) podem levar ao contrário. É o que mais temos visto.

Ok, se você assistiu *A nova corporação*, deve saber que a mobilização coletiva pode não ser o suficiente a curto prazo, principalmente diante de todas as amarrações e estruturas políticas que estão postas. Não vai ser fácil ou rápido. Mas, como o filme também retrata, essa noção deve nos mover. A maior crise existencial dos nossos tempos precisa ser essa. Entender a complexidade da realidade que se apresenta é o único caminho para encontrar uma forma de resistir e revolucionar.

Volto, então, para Joanna Macy, para a esperança ativa. Como ela diz, não precisamos ser otimistas em relação ao futuro para nos mover. Precisamos nos unir e acreditar nos nossos atos, nas nossas ações. Somente dessa forma conseguiremos promover uma grande virada no mundo (como eu disse no meu livro *Moda com propósito*, de 2016), a virada de uma sociedade industrial e extrativista para uma sociedade que liberta – e sustenta – verdadeiramente a vida.

Joanna Macy acredita que há três formas de agirmos para apoiar essa transformação: diminuir os danos causados à terra; promover mudanças sistêmicas a favor da vida; transformar valores e cosmovisões a partir da mudança de consciência. Essa crença, que me foi apresentada pela Lua Couto (do @futuropossivel), embasou grande parte deste livro. Para finalizar, apresento um pouco mais dessa visão, junto com o que tenho aprendido.

<u>Diminuir os danos causados à terra</u>: Aqui o ponto principal é aceitar que o significado que damos à liberdade foi baseado em um horizonte de abundância de recursos naturais e de crescimento econômico infinito. Foi assim que o mercado se construiu e em grande parte ainda opera. Hoje

somos reféns desse modelo, e há cada vez mais pessoas sofrendo as consequências de uma lógica que coloca em perigo a sobrevivência da nossa espécie.

Limitar nossas ações ao consumo ou somente politizar o consumo, sem que as pessoas entendam que viver é um ato político, contribuiu para a despolitização da vida, feita de forma muito bem-sucedida pelo neoliberalismo, que mais do que uma forma de pensar a economia é uma forma de reagir. Mesmo as boas ações, sem haver consciência de classe, raça e gênero, podem servir muito pouco para salvar o futuro, não contribuindo para nada além de uma massagem no ego e na consciência.

O movimento pela justiça climática defende isso há décadas. Recentemente temos percebido que, para acontecer, é preciso que haja também justiça social. E a justiça social é coletiva. As mudanças precisam ser coletivas. É partir dessa noção que me preocupo tanto com tudo que tem o potencial de nos afastar da gente, das outras pessoas e da natureza. A sociedade da falsa liberdade e da dependência pelo consumo vai contra a urgência que temos.

Precisamos de ações coletivas de contenção em defesa da vida na Terra, que objetivem reduzir danos causados pela economia vigente. Isso inclui o trabalho de proteger o que resta dos sistemas naturais, não somente de ações de impacto ambiental como também de todo tipo de violência contra quem sofre com a exploração, a discriminação, a guerra, a fome e a injustiça social.

Caminhos: Todo trabalho político, legislativo e jurídico para reduzir a destruição – não só dentro dos sistemas mas também fora deles, participando ativamente do processo ao exercermos nossos deveres. Ainda, o ativismo e as ações diretas através de campanhas, petições e protestos para reduzir impactos socioambientais.

Promover mudanças sistêmicas a favor da vida: Quem está dentro das empresas ou do sistema político pode ter a chance de fazer pequenas revoluções, que são importantes quando somadas. "As mudanças climáticas significam a Terra nos dizendo que nada é de graça, que a era do domínio humano acabou, que não existe uma relação de mão única que envolva apenas tomar para si, que toda ação implica reação", disse Naomi Klein em uma matéria no The Intercept.

Para ela, é notória "a nostalgia por uma época em que os combustíveis fósseis podiam ser extraídos da terra sem pensamentos incômodos sobre extinção em massa, sem crianças exigindo o direito a um futuro". E isso tem estimulado mudanças. Mas também não basta uma ou outra empresa mudarem. Por isso as modificações devem ser feitas não só nas empresas mas igualmente na cultura, nas políticas públicas, nas sanções, nos incentivos fiscais...

"Conhecemos a saída: ampliar a infraestrutura para as energias renováveis, abastecer casas com energia eólica e solar, fazer a transição dos nossos sistemas de transporte para modelos elétricos. E como todas as fontes de energia implicam custos ecológicos, também devemos reduzir a demanda por energia em geral, com maior eficiência, mais transporte coletivo e menos desperdício decorrente do consumo excessivo", diz Naomi.

É preciso criar novos sistemas e práticas, e o único caminho possível é colocar a vida no centro de tudo. Devemos nos perguntar se o que fazemos de fato apoia e sustenta a vida como um todo ou se a coloca em perigo. Questionar também o consumo, o crescimento econômico, o modelo de desenvolvimento, os valores que estão por trás das instituições, buscando criar e participar de novas soluções.

Caminhos: Fomento e participação em novas economias, novos modelos de negócio, novas formas de produção e moradia – como negócios sociais, modelos de troca, moedas sociais e sistemas regenerativos, além de iniciativas de construção de comunidades, organizações e instituições alternativas.

Transformar valores e cosmovisões a partir da mudança de consciência: Precisamos ter e espalhar a noção de que o sistema atual, da forma como se construiu e funciona em grande parte, esgota o planeta e as pessoas e transforma o mundo num estoque de recursos e as pessoas em produtores e consumidores. Faz-nos sentir que precisamos de coisas demais para existir. Então muita coisa é produzida – de forma nem sempre respeitosa –, causando uma grande desestruturação no ecossistema.

O impacto potencialmente devastador do crescimento capitalista em um sistema com recursos finitos precisa ser discutido e encarado de frente. Observando tendências de crescimento da população, industrialização, poluição e esgotamento de recursos, não seria um exagero imaginarmos cenários de colapso no sistema global ainda neste século.

A desestruturação é também com as pessoas. Para dar conta de altos volumes, as estratégias muitas vezes são opressoras, criam e fortalecem padrões equivocados, reforçam a noção de separação, encerram a noção de coletividade e banalizam a exploração. Principalmente, muitas vezes esse sistema nos afasta de quem realmente poderíamos ser.

"Todo processo de transformação política que não contemple a descolonização do inconsciente está condenado à repetição", como diz Suely Rolnik. É preciso promover de fato a libertação dos modos de subjetivação e conter a contrarreforma que visa fazer regredir os avanços conquistados por grupos que durante muito tempo foram minorizados.

Esse aspecto tem a ver com a transformação cognitiva da nossa percepção da realidade, dos nossos pensamentos e dos nossos valores. É a busca por uma nova consciência no planeta, a qual deve nos mover para uma visão mais ampla de quem somos, aprofundando o nosso senso de pertencimento – em relação à natureza, às outras pessoas e aos demais seres não humanos.

Caminhos: Regaste de tradições e cosmovisões de povos originais, da teoria de sistemas vivos, da ecologia profunda, de movimentos de simplicidade e minimalismo e resgate da espiritualidade, bem como novos espaços de socialização e de aprendizagem.

Cada pessoa pode se sentir mais atraída e apta para atuar em uma ou outra dessas dimensões. Todas as três são importantes e válidas e precisam acontecer ao mesmo tempo para que possamos realmente nos libertar daquilo que compromete a nossa vida na Terra.

Enquanto eu terminava este livro, Hans-Otto Pörtner, copresidente do grupo de trabalho do IPCC, responsável pelo relatório divulgado em fevereiro de 2022, disse: "Em um mundo que nasce do genocídio e da desapropriação, é necessário elaborar a visão de um futuro em que nunca estivemos antes". Para ele, a raiz de tantas crises democráticas, geopolíticas e climáticas é o apego violento a um passado tóxico e a recusa em enfrentar um futuro mais complexo e inter-relacional, cujas fronteiras finais são os limites do que as pessoas e o planeta suportam.

Reparar o passado. Sim. Mas isso é assunto para uma outra conversa.

Por ora, fico por aqui. Obrigado pela leitura. Aproveite as recomendações de aprofundamento. Até a próxima.

APROFUNDAMENTO

PARA OUVIR

■ *Podcast Sem Açúcar #08*

No episódio "A última astronave", Tatiana Roque, coordenadora do Fórum de Ciência e Cultura da UFRJ e autora de *O dia em que voltamos de marte*, fala sobre como podemos aliar política e ciência para salvar a nossa espécie – afinal, não serão todas as pessoas que terão dinheiro para comprar o bilhete para fugir para outro planeta.

■ *Podcast Nat Geo #01*

No episódio de abertura da série de National Geographic Brasil, chamado "365 dias da Terra", o escritor Ailton Krenak e a jornalista e ativista ambiental Paulina Chamorro debatem a respeito dos principais problemas ambientais dos nossos tempos e refletem sobre as possíveis soluções para nos salvarmos da crise socioambiental em que vivemos.

■ *Podcast O tempo virou #40*

A que se deve a elitização da noção de sustentabilidade? O que fazer para democratizar essa pauta? Essas são as perguntas norteadoras do episódio e também a missão de vida da convidada Amanda Costa, jovem embaixadora da ONU e fundadora do Perifa Sustentável, um movimento que tenta conciliar a pauta da sustentabilidade com as demandas da periferia.

PARA LER

■ *São Paulo: planejamento da desigualdade*

O livro de Raquel Rolnik mostra como a desigualdade é fruto de um projeto político. O prefácio é assinado por Emicida, que de forma comovente confirma, por experiência própria, a tese de Raquel. A moral que fica é: se o que nos trouxe até aqui foram escolhas, a construção de um futuro melhor também passa pelo ato de escolher. Mas quem está escolhendo? E por quê?

■ *Justiça climática: esperança, resiliência e a luta por um mundo sustentável*

Mary Robinson, ex-presidente da Irlanda e enviada especial da ONU para mudanças climáticas, apresenta histórias de quem assumiu a responsabilidade de enfrentar problemas urgentes, mostrando que ações individuais e locais podem crescer a ponto de se tornarem globais e gerarem mudanças políticas positivas.

■ *Tudo sobre o amor: novas perspectivas*

Neste primeiro volume de sua trilogia do amor, bell hooks procura elucidar o que é, de fato, o amor nas relações familiares, nas românticas e nas de amizade. Na contramão do pensamento corrente, defende o amor como uma ação capaz de transformar o niilismo, a ganância e a obsessão pelo poder que dominam nossa cultura, para edificar uma sociedade verdadeiramente igualitária, fundamentada na justiça e no compromisso coletivo.

obrigadaeiou

Para mim, escrever tem se tornado cada vez mais um ato coletivo. Não só com as pessoas que viabilizam a produção de um livro, mas também com as pessoas que me apoiam e me inspiram no processo. Não posso terminar sem agradecer: a Editora Vozes e todas as pessoas que dela fazem parte; Luana Adriano, que fez as ilustrações e a capa comigo; Ana, Kizze, Lulu e Thiago, que fizeram leituras críticas da versão original e colaboraram com seus pontos de vista; todas as pessoas que são citadas e me emprestaram suas histórias; a você que está lendo, e é o motivo pelo qual eu continuo escrevendo.

Conecte-se conosco:

f facebook.com/editoravozes

◉ @editoravozes

🐦 @editora_vozes

▶ youtube.com/editoravozes

◯ +55 24 2233-9033

www.vozes.com.br

Conheça nossas lojas:

www.livrariavozes.com.br

Belo Horizonte – Brasília – Campinas – Cuiabá – Curitiba
Fortaleza – Juiz de Fora – Petrópolis – Recife – São Paulo

EDITORA VOZES LTDA.
Rua Frei Luís, 100 – Centro – Cep 25689-900 – Petrópolis, RJ
Tel.: (24) 2233-9000 – E-mail: vendas@vozes.com.br